Gut essen
Rheinische Küche

© 1991 Manfred Pawlak Verlagsgesellschaft mbH,
Herrsching
Alle Rechte Vorbehalten
Autor: Brigitte Karch, München
Bildredaktion: Helga Lederer, München
Konzeption und Gestaltung: Uschi Müller, München
Umschlaggestaltung: Bine Cordes, Weyarn
Printed in Italy
ISBN 3-88199-895-0

Gut essen
Rheinische Küche

Über 100 köstliche Spezialitäten

Pawlak

INHALT

VORWORT	8
SUPPEN	10
AUFLÄUFE UND EINTÖPFE	14
FLEISCH UND WURST	22
FISCH	40
GEMÜSE	45
PFANNENGERICHTE	50
BEILAGEN	55
SALATE UND SOSSEN	60
SÜSSPEISEN	64
KUCHEN UND GEBÄCK	71
KALTE KÜCHE UND GETRÄNKE	85
REZEPTVERZEICHNIS	92

VORWORT

Die kulinarische Vergangenheit der Rheinländer ist stark von fremden Einflüssen geprägt. Genußfreudig und aufgeschlossen für abwechslungsreiche Kost, übernahmen sie Speißen und Getränke der Römer, Franken, Preußen und Franzosen. Mitte des 18. Jahrhunderts und später auch nach dem 2. Weltkrieg brachten Arbeiter aus Ost- und Westpreußen, aber auch aus Schlesien, neue Eßgewohnheiten mit. All dies beinflußte die rheinische Küchentradition ebenso wie Anregungen aus dem benachbarten Frankreich, Holland und Belgien. Die kulinarische Reichweite der rheinischen Küche erstreckt sich im Osten teilweise bis zum Westerwald und ins Bergische Land. Dort sind Speisen und Gerichte jedoch weitgehend frei von fremden Einflüssen und haben ihre bodenständige Tradition bis heute weitgehend bewahrt.

Beliebt sind beispielsweise Suppen, Eintöpfe und Aufläufe. Das reichhaltige heimische Obst- und Gemüseangebot wird dabei einfallsreich und schmackhaft zubereitet. Äpfel, Birnen und Beerenobst, Bohnen, Kartoffeln und Weißkohl gehören hier zu den oft variierten Zutaten. Im Rheinischen versteht man aber ebenso einfallsreiche Schweine- und Rindfleischgerichte auf den Tisch zu bringen. Kenner schätzen Wild- und Wildgeflügel-Spezialitäten. Und auch Fisch-Freunde kommen auf ihre kulinarischen Kosten, denn die Rheinländer verstehen es auf überzeugende Weise, aus Aal, Muscheln, Heringen und Lachs lukullische Speisen herzustellen.

"Wä wat Kräftiges esse well, soll nit dobei dat Drenke vergesse", sagen die Rheinländer, und so kommen denn aus dem Rheinland nicht nur herzhafte Speisen, sondern auch herzhafte Getränke. Der Dreiklang – Bier, Wein

VORWORT

und "Objesatzte" (aufgesetzte Liköre), – ist weit über die Landesgrenzen hinaus bekannt. Kuchen-, Waffel- und Gebäck-Rezepte weisen ebenfalls eine lange Tradition auf. Vor allem sollte man sich die "Bergische Kaffeetafel", ein Zeremoniell mit Kaffeetrinken aus der "Dröppelmina" und vielen typisch rheinischen Leckereien, nicht entgehen lassen.

Rheinisches Küchenlexikon

Ädappel – Kartoffel, Bestandteil zahlreicher rheinscher Gerichte
Ähzezupp – Erbsensuppe
Ballbäuschen – Fett- oder Ölgebackenes
Dippehas – eingelegter Hasenbraten
Döppekooche – Kartoffelkuchen
Flönz – Düsseldorferisch: Blutwurst
Hearingsstipp – Bergisch: eingelegter Hering
Isekauken – Waffelgebäck

Kölsche Kaviar – Roggenbrötchen mit Blutwurst
Leineweber – typisches Kartoffelgericht aus Barmen
Muuzenmändelcher – Schmalzgebackenes in Form großer Mandeln
Öcher Prente – Aachener Printen
Pannasch – in der Pfanne Gebratenes
Pfeffer-Potthast – Ragout
Potthucke – Auflauf
Rievkooche – Reibekuchen
Weckmehl – geriebene Brötchen

SUPPEN

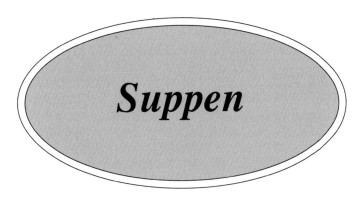

Kräutersuppe

(für 4 Personen)

500 g Weißkohl, 1 Möhre, 1 Petersilienwurzel, 1 Stange Porree, 1 1/2 l Fleischbrühe (Instant), 1 Bund glatte Petersilie, 4 Scheiben Roggenvollkornbrot, 1 – 2 EL Butter

Gemüse putzen und waschen, Weißkohl in Streifen, Möhre, Petersilienwurzel und Porree in Scheiben schneiden. In der Fleischbrühe etwa 15 Minuten garen. Gehackte Petersilie hinzufügen. Brotscheiben halbieren und in erhitzter Butter rösten. Zum Schluß in die Suppe geben.

Biersuppe

(für 4 Personen)

125 g Zwieback, 1 Prise Salz, 3 EL Zucker, 1 Prise Vanillinzucker, 1/2 l Wasser, 1/2 l süßes Bier

Zwieback mit Salz, Zucker, Vanillinzucker und Wasser aufkochen, durch ein Sieb abgießen und mit langsam erhitztem Bier aufgießen.

SUPPEN

Erbsensuppe Rheinische Art

(für 4 Personen)

*500 g gelbe oder grüne Erbsen, 300 g Kartoffeln,
1/2 Knoblauchzehe, 1 Bund Suppengrün, 200 g Rauchfleisch,
Bauchspeck oder Schweinepfoten, Salz, 1/2 TL Majoran*

Erbsen über Nacht einweichen, am nächsten Tag zusammen mit dem Einweichwasser kochen. Nach etwa 30 Minuten die geschälten, gewürfelten Kartoffeln hinzufügen, ebenso den zerdrückten Knoblauch sowie das geputzte, feingeschnitte Suppengrün. Rauchfleisch oder Schweinpfoten ebenfalls hinzufügen und etwa 1 Stunde köcheln lassen. Mit Salz und Majoran abschmecken. Nach Belieben mit gehackter Petersilie bestreuen.

Ädappelzupp

(für 4 Personen)

*2 EL Schweineschmalz, 2 mittelgroße Zwiebeln, 2 EL Mehl,
21/4 l Fleischbrühe (Instant), 750 g Kartoffeln, 2 Bund Suppengrün,
etwas Salz, 250 g gemischtes Hackfleisch, 2 kleine altbackene
Brötchen, 1 Ei, etwas Pfeffer, geriebene Muskatnuß*

Schweineschmalz erhitzen, Zwiebeln schälen und klein würfeln, aber nur 1 Zwiebel im Schmalz 5 Minuten dünsten. Mehl hinzufügen, unter Rühren hellbraun anrösten. Mit Fleischbrühe aufgießen und unter Rühren aufkochen lassen. Kartoffeln schälen, klein würfeln, Suppengrün putzen und kleinschneiden. In die Brühe geben, salzen, und alles bei mittlerer Hitzezufuhr etwa 45 Minuten kochen. Hackfleisch mit den entrindeten, in wenig Wasser eingeweichten, wieder ausgedrückten und zerkleinerten Brötchen, Ei, restlichen Zwiebelwürfeln, Salz, Pfeffer und Muskat mischen. Zu Bällchen formen, 10 Minuten in der Suppe ziehen lassen und servieren.

SUPPEN

Zwiebelsuppe

(für 4 Personen)

*500 g Zwiebeln, 2 l Fleischbrühe, 2 EL Rotwein (oder Essig),
Salz, 40 g Butter, Pfeffer, geriebene Muskatnuß,
1 kg Salzkartoffeln*

Zwiebeln schälen und kleinschneiden, zusammen mit Fleischbrühe etwa 25 Minuten kochen, danach durch ein Sieb passieren. Zwiebelmasse mit Rotwein mischen, salzen, Butter hinzufügen, mit Pfeffer und Muskat würzen, mit zerdrückten Salzkartoffeln abermals aufkochen.
Tip: Anstatt Rotwein kann man auch Milch verwenden. Mit einem höheren Kartoffelanteil wird das Gericht zu einer Art Eintopf. Dazu paßt Bratwurst.

Kartoffelsuppe

(für 4 Personen)

*600 g Kartoffeln, 1 – 11/2 l Wasser, 1 TL Kümmel, Salz,
1 Möhre, 1 Zwiebel, 40 g Schweineschmalz, 2 EL Mehl, Pfeffer,
Thymian, 125 g durchwachsener Speck, 1/8 l saure Sahne,
1/2 Bund Petersilie*

Kartoffeln waschen, schälen, würfeln und in Wasser mit Kümmel und Salz etwa 20 Minuten kochen. Möhre und Zwiebel schälen, fein würfeln und in erhitztem Schweineschmalz andünsten. Mehl unter Rühren hinzufügen, mit Kartoffelwasser aufgießen, mit Pfeffer, Thymian und Salz abschmekken. Etwa 10 Minuten köcheln lassen, danach zu den Kartoffeln geben, zum Schluß mit saurer Sahne verfeinern, mit gehackter Petersilie garnieren.

Rotkohlsüppchen

500 g Rotkohl, 500 ml Fleischbrühe, 50 g Butter, 2 Zwiebeln, 1 Knoblauchzehe, 250 ml Rotwein, 2 EL Essigessenz, Salz, schwarzer Pfeffer, 1 Msp. Muskatblüte, 1 Msp. gemahlene Nelke, 1 Msp. Zimt, 2 EL Zucker, 4 TL Créme fraîche.
Zum Garnieren: 1 Zweig Zitronenmelisse, etwas Apfelschale

Den Rotkohl putzen, waschen, grob zerkleinern und im Mixer pürieren. Das Gemüsepüree mit der Hälfte der Fleischbrühe und der Butter in einen Topf geben. Die Zwiebeln und die Knoblauchzehe schälen, klein würfeln, zum Gemüsepüree geben, aufkochen und 20 Minuten garen lassen. Die restliche Fleischbrühe, Rotwein, Essigessenz, Salz, frisch gemahlener Pfeffer, Gewürze und Zucker darunterrühren. Zugedeckt weitere 10 Minuten kochen lassen und nochmals abschmecken. Die Zitronenmelisse waschen und einzelne Blättchen abzupfen. Einen Apfel schälen, und die dünne Schale zur Dekoration verwenden. In Suppentassen füllen, mit einem Eßlöffel Créme fraîche, der Zitronenmelisse und der Apfelschale dekorieren. *Abbildung oben*

AUFLÄUFE UND EINTÖPFE

Rheinischer Dippehas

(für 4 Personen)

1 bratfertiger Hase (frisch oder tiefgefroren), Salz, Pfeffer, etwas geriebene Muskatnuß, 500 g frischer durchwachsener Schweinebauch, 4 Zwiebeln, 1–2 Möhren, 1 kleine Stange Porree, 4 EL Öl, 2 Lorbeerblätter, 3 Gewürznelken, 6 Wacholderbeeren, 3/4 l Rotwein, 125 g Schwarzbrot, ca. 1 EL Speisestärke, 1 Bund Petersilie

Den Hasen (tiefgefroren auftauen lassen) in Portionsstücke zerlegen, waschen, trockentupfen. Mit Salz, Pfeffer und Muskatnuß einreiben. Schweinebauch in Stücke schneiden. Zwiebeln schälen und grob würfeln. Möhren und Porree putzen, waschen und kleinschneiden. Schweinebauch in einem Schmortopf in heißem Öl anbraten. Gemüse und Hasenteile zugeben und kurz mit anbraten. Lorbeerblätter und Gewürznelken, zerdrückte Wacholderbeeren sowie Rotwein zufügen. Schwarzbrot zerkrümeln, in die Soße rühren und alles einmal aufkochen. Den Topf verschließen und im vorgeheizten Backofen bei 200°C auf der untersten Einschubleiste etwa 60 Minuten garen.
Mit in wenig kaltem Wasser gelöster Speisestärke binden, mit Salz und Pfeffer kräftig abschmecken, mit gehackter Petersilie garnieren. Dazu passen Kartoffelklöße.

AUFLÄUFE UND EINTÖPFE

Apfelauflauf

(für 4 Personen)

*1/8 l Milch, 65 g Butter, 1 Messerspitze Salz, 65 g Mehl,
Saft und Schale von 1 Zitrone (unbehandelt), 3 Eigelb,
65 g Zucker, 1 kg Äpfel, Butter zum Ausfetten, 1/2 TL Zimt,
1 Päckchen Vanillinzucker*

Milch, Butter und Salz aufkochen, das Mehl auf einmal hineinschütten und gut verrühren, bis sich die Masse vom Topf löst. Den abgebrannten Teig abkühlen lassen. Zitronenschale abreiben, Saft auspressen. Abgeriebene Zitronenschale mit Eigelben und Zucker schaumig schlagen. Abgekühlten Teig löffelweise zufügen und gut verrühren. Äpfel schälen, Kerngehäuse ausste-

chen und in feine Scheiben schneiden. Eine hitzebeständige Auflaufform buttern, Apfelscheiben mit Zitronensaft, Zimt und Vanillinzucker einschichten. Brandteig in einen Spritzbeutel füllen und kleine Tupfen auf die Apfelscheiben spritzen. Im vorgeheizten Backofen bei 175°C etwa 50 – 60 Minuten backen, und in der Form servieren. Dazu paßt Vanillesoße.

Steckrüben-Eintopf

(für 4 Personen)

*1 Zwiebel, 50 g geräucherter Speck, 500 g Steckrüben,
500 g Kartoffeln, 1/2 l Wasser, Salz, Pfeffer, 1 TL Speisestärke,
etwas Zucker, 4 EL Sahne*

Zwiebel schälen, klein würfeln und im gewürfelten, ausgelassenen Speck andünsten. Steckrüben schälen und in kleine Stücke schneiden. Kartoffeln schälen, ebenfalls in Stücke schneiden. Zur Zwiebel-Speck-Mischung geben, mit Wasser aufgießen und zugedeckt etwa 40 Minuten garen.

Alles mit dem Kartoffelstampfer zerkleinern, mit in wenig kaltem Wasser aufgelöster Speisestärke binden, mit Zucker eventuell etwas Sahne abschmecken und verfeinern.
Tip: Man kann auch ein Stück Schweinenacken, -bauch oder -schulter mitgaren.

15

AUFLÄUFE UND EINTÖPFE

Himmel und Äd

(für 4 Personen)

*1 Zwiebel, 40 g Schweineschmalz, 1 kg Kartoffeln,
1/2 l Wasser, 1 kg säuerliche Äpfel, Salz, Pfeffer,
1/2 TL Zucker, 500 g Blutwurst*

Zwiebel schälen, in Ringe schneiden und im erhitzten Schmalz braun anrösten. Kartoffeln schälen, waschen, vierteln und zu den Zwiebeln geben, mit Wasser aufgießen und zugedeckt etwa 15 Minuten kochen lassen. Äpfel schälen, Kerngehäuse ausstechen, vierteln und zu den Kartoffeln geben. Weitere 15 Minuten garen, und alles mit einem Kartoffelstampfer zu Brei stampfen. Mit Salz, Pfeffer und Zucker abschmecken, mit gebratenen Blutwurstscheiben servieren. Das Gericht wird in vielen Haushalten oft serviert.

Lamm-Wirsing-Topf

(für 4 Personen)

*500 g Lammfleisch, 2 EL Öl, 150 g Zwiebeln, Salz,
Pfeffer, Curry nach Geschmack, 1 kg Wirsingkohl, 250 g Möhren,
3/8 l Fleischbrühe (Instant), 2 EL Essigessenz 25%, 1 EL Zucker*

Lammfleisch in Würfel schneiden und in heißem Öl rundherum anbraten. Zwiebeln schälen, fein würfeln, dazugeben und Farbe annehmen lassen. Salzen, pfeffern, mit Curry würzen. 1/8 l Wasser zugießen und zugedeckt ca. 20 Minuten garen. In der Zwischenzeit Wirsing und Möhren putzen und waschen. Wirsing in Streifen schneiden und Möhren in Scheiben. Gemüse zum Fleisch geben, 2–3 Minuten andünsten. Mit Fleischbrühe auffüllen, mit Essigessenz und Zucker abschmecken, noch 20 – 30 Minuten garen. Eventuell noch einmal mit Curry würzen. Dazu passen Salzkartoffeln mit Petersilie sehr gut.

Abbildung rechts

AUFLÄUFE UND EINTÖPFE

"Fitzebuanen"
Frische Bohnen

(für 4 Personen)

400 g Kartoffeln, 1 kg grüne Bohnen, reichlich Bohnenkraut,
1 1/4 l Fleischbrühe, 2 EL Mehl, 100 g saure Sahne,
200 g gegartes Schweinefleisch (Reste),Pfeffer, Salz,
Majoran, 1 Bund Petersilie

Kartoffeln schälen, waschen und in Würfel schneiden. Bohnen entfädeln und zusammen mit Bohnenkraut in der Fleischbrühe etwa 40 Minuten kochen lassen. Mehl mit der Hälfte der sauren Sahne verrühren, zusammen mit dem in Würfel geschnittenen Schweinefleisch zur Suppe geben und weitere 10 Minuten kochen lassen. Danach mit Pfeffer, Salz und Majoran würzen, mit restlicher saurer Sahne verfeinern. Mit gehackter Petersilie bestreuen.

Schnibbelbohnen

(für 4 Personen)

500 g durchwachsener Speck, Wasser zum Überbrühen,
1/2 l Wasser zum Kochen, 3 EL Obstessig, 2 Wacholderbeeren,
3 Pimentkörner, 1 Lorbeerblatt, 750 g mehlige Kartoffeln,
500 g grüne Bohnen, Pfeffer, 1 Prise getrocknetes oder
1/2 Bund frisches Bohnenkraut, eventuell etwas Salz

Speck von der Schwarte schneiden, beides mit kochendem Wasser überbrühen, abgießen und kurz unter kaltem Wasser abschrecken. Beides mit Kochwasser aufsetzen, Essig, Wacholderbeeren, Pimentkörner und Lorbeerblatt hinzufügen. Zum Kochen bringen und etwa 20 Minuten köcheln lassen. Kartoffeln schälen und in Stücke schneiden. Bohnen fädeln und auf de Hobelscheibe der Küchenmaschine in schmale Scheiben schneiden. Gewürze aus dem Speckwasser entfernen, Kartoffeln in die Brühe geben und 15 Minuten kochen. Bohnen mit Pfeffer und Bohnenkraut hinzufügen.

AUFLÄUFE UND EINTÖPFE

Eventuell mit Salz nachwürzen. Kartoffeln mit dem Kartoffelstampfer etwas zerdrücken und servieren. Dazu ißt man eingelegte Heringe und Gewürzgurken. Schwarzbrot mit Senf dürfen ebenfalls nicht fehlen.

Potthucke

(für 4 Personen)

1,5 kg Kartoffeln, 2 altbackene Brötchen, 2 Eier, 1 Prise Salz, 2 Äpfel, 125 g Rosinen, 50 g Zucker, 1/4 TL geriebene Muskatnuß, 50 g fetter Speck

Kartoffeln schälen, waschen und auf der Handreibe grob reiben. Semmeln in wenig Wasser einweichen, ausdrücken und zusammen mit Kartoffeln, Eiern und Salz vermischen. Äpfel schälen, Kerngehäuse ausstechen und in Scheiben schneiden. Zusammen mit Rosinen, Zucker und Muskatnuß unter den Teig rühren. Speck würfeln, in einer Pfanne auslassen, eine hitzebeständige Form damit ausstreichen und die Kartoffelmasse einfüllen. Im vorgeheizten Backofen bei 200°C etwa 120 Minuten backen.

Dicke Bohnen und Möhrengemüse, süß-sauer

(für 4 Personen)

300 – 400 g Dicke Bohnen (tiefgefroren), 300 – 400 g Möhren (tiefgefroren), 30 g Butter, 1 kleine Zwiebel, 1 EL Honig, 2 TL Essigessenz 25%, 1/8 l Fleischbrühe (Instant), 4 EL süße Sahne, 1 TL Stärkemehl, 8 Scheiben geräucherter Speck

Bohnen und Möhren nach Angaben in Salzwasser garen. Butter im Topf schmelzen, Zwiebelwürfel darin glasig dünsten. Honig und Gemüse zugeben.

AUFLÄUFE UND EINTÖPFE

Essigessenz, Fleischbrühe und Sahne zugießen. 3 Minuten unter Rühren dünsten. Die Soße mit etwas Stärke-mehl binden. Speck ausbraten, mit Kartoffeln zum Gemüse servieren.

Abbildung links

Kartoffelschnee

(für 4 Personen)

*1,5 kg Kartoffeln, Salz, Pfeffer, geriebene Muskatnuß,
100 g Butter, Butter für die Form*

Kartoffeln waschen und in der Schale kochen, noch heiß pellen und durch die Kartoffelpresse geben, mit Salz, Pfeffer und Muskatnuß abschmecken. Eine hitzebeständige Form ausbuttern, Kartoffelmasse hineinfüllen, mit dicken Butterflocken belegen und im vorgeheizten Backofen bei 220°C etwa 10 Minuten überbacken. Dazu paßt Endiviensalat.

Erpeler Döbbekoche

(für 4 – 6 Personen)

*3 kg Kartoffeln, 1 große Zwiebel, 2 altbackene Brötchen,
1 großer Apfel, 125 g durchwachsener Speck, 2 Eier, Salz,
1 EL Speisestärke, Butter zum Ausfetten*

Kartoffeln schälen, waschen und auf der Handreibe reiben, durch ein Leinenetuch drücken, Flüssigkeit nicht weiterverwenden. Zwiebel schälen und ebenfalls reiben, Brötchen in wenig Wasser einweichen und gut ausdrücken. Apfel schälen, Kerngehäuse ausstechen und in Stücke schneiden. Speck klein würfeln. Alles zusammen, Eier und Salz zur Kartoffelmasse geben, mit in wenig kaltem Wasser angerührter Speisestärke binden. Eine hitzebeständige Form buttern, Kartoffelmasse hineinfüllen und im vorgeheizten Backofen bei 250°C etwa 120 Minuten backen.

FLEISCH UND WURST

Süß-saurer Schweinerücken

(für 4 Personen)

1 kg Schweinerücken, Salz, 4 Wacholderbeeren,
2 EL Schweineschmalz, 3 Zwiebeln, 3 Nelken, 1 Lorbeerblatt,
1 EL Pfefferkörner, 1 Scheibe Pumpernickel, 1 EL Butter, 1 EL Mehl,
1 EL Zucker, 1–2 EL Pflaumenmus oder Birnenkraut,
2 EL Weinessig

Fleisch kurz waschen, trockentupfen, salzen und mit zerdrückten Wacholderbeeren einreiben. Im erhitzten Schmalz rundum anbraten, zwei Tassen Wasser dazugießen. Zwiebeln schälen, mit Nelken und Lorbeerblatt spicken, zusammen mit den grob gestoßenen Pfefferkörnern und kleingeschnittenem Pumpernickel zum Fleisch geben. Zugedeckt bei mittlerer Hitzezufuhr etwa 1 1/2 Stunden schmoren, wenn nötig, Wasser nachgießen. Fleisch herausnehmen und warm stellen. Butter zerlassen, Mehl und Zucker einrühren, die durchs Sieb abgeseihte Soße dazugeben, aufkochen, Pflaumenmus und Essig darunterrühren, alles sämig einkochen. Über das aufgeschnittene Fleisch gießen. Dazu passen Möhren-Sellerie-Gemüse und Klöße.

FLEISCH UND WURST

Rindergulasch

(für 4 Personen)

*1 kg mageres Rindfleisch aus der Oberschale,
30 g Butterschmalz, 500 g rote Zwiebeln, 150 g Rosinen,
Salz, Pfeffer, Thymian, 1/4 –1/2 l Malzbier,
100 g saure Sahne, etwas Petersilie*

Das Fleisch in große Würfel schneiden. Butterschmalz in einem Schmortopf erhitzen, und die Fleischwürfel in zwei Portionen kurz bei starker Hitzezufuhr anbraten, herausnehmen. Zwiebeln schälen, vierteln, kurz im Bratenfett andünsten, Fleisch und Rosinen hinzufügen. Mit Salz, Pfeffer und Thymian würzen und mit Bier aufgießen. Zugedeckt im vorgeheizten Backofen bei 180°C etwa 2 1/2 Stunden schmoren. Gulasch abschmecken, auf Tellern verteilen und über jede Portion 1 EL saure Sahne geben. Mit gehackter Petersilie bestreuen. Dazu passen Nudeln oder Salzkartoffeln.

Rindergulasch mit Weißwein

(für 4 Personen)

*500 g Rindfleisch, 1 EL Essig, 1 EL Mehl, 2 – 4 EL Öl,
2 – 6 Zwiebeln, 1/4 l Wasser, etwas Weißwein, Salz, Pfeffer,
edelsüßes Parikapulver, 1/8 l Sahne, Mehl*

Fleisch waschen, trockentupfen und in mundgerechte Würfel schneiden. Mit Essig beträufeln, mit Mehl bestäuben und in heißem Öl rundherum anbraten. Zwiebeln schälen, grob zerhacken, zum Fleisch geben und mitbräunen. Mit Wasser und Wein aufgießen, salzen und pfeffern, zugedeckt etwa 60 Minuten schmoren lassen. Hin und wieder mit Flüssigkeit nachgießen. Zum Schluß die Soße mit Paprikapulver und Sahne abschmecken und mit in wenig kaltem Wasser angerührtem Mehl binden.

FLEISCH UND WURST

Rindfleisch
mit Rosinensoße

(für 4 Personen)

500 g Rindfleisch (durchwachsenes Suppenfleisch), Salz,
2 l Wasser, 1 Zwiebel, 1 Bund Suppengrün.
Für die Soße: 125 g Sultaninen, 1 Stück brauner Pfefferkuchen,
Pfeffer, 125 g gehackte Mandeln, 1 EL Zucker,
1 El Weinessig, etwas körnige Brühe

Rindfleisch in siedendes Salzwasser geben, aufkochen, dabei hin und wieder abschäumen. Zwiebel schälen, vierteln, Suppengrün putzen, zerkleinern und zum Fleisch geben. Etwa 1 Stunde , jedoch nicht zu weich, kochen. Sultaninen in wenig Wasser dünsten, Pfefferkuchen hineinreiben.

Fleisch aus der Brühe nehmen und abseihen, geriebenen Pfeffer und Sultaninen hinzufügen, sämig kochen, danach Mandeln unterrühren, mit Zucker und Essig und etwas körniger Brühe pikant abschmecken. Fleisch in Scheiben schneiden, Soße darüber gießen. *Abbildung rechts*

Schweinebauch mit Möhren

(für 4 Personen)

600 g geräucherter Schweinebauch, 1 kg Möhren,
1 EL Schweineschmalz, 1 EL Mehl, Pfeffer, Salz, 1 Prise Kümmel,
1 Bund Petersilie

Schweinebauch mit Wasser bedecken und bei geringer Hitzezufuhr etwa 40 Minuten kochen lassen. Möhren schälen, waschen, in Würfel schneiden, zum Fleisch geben und weitere 40 Minuten garen. Das Fleisch herausnehmen und in Scheiben schnei-

den. Schmalz erhitzen; Mehl unter Rühren hinzufügen und goldbraun rösten, danach Gemüse damit binden. Mit Gewürzen abschmecken, in eine große Schüssel füllen, mit gehackter Petersilie bestreuen, mit Fleischscheiben belegen.

FLEISCH UND WURST

"Saure Kappes und Erwes"
Sauerkraut mit Erbspüree

(für 4 Personen)

500 g gelbe Erbsen, Salz, 1 mittelgroße Zwiebel, 40 g Butter,
600 g Schweinebauch, 1 kg Sauerkraut, 1 Lorbeerblatt,
2 cl Weißwein

Erbsen in kaltem Wasser über Nacht einweichen, zusammen mit dem Einweichwasser und Salz aufsetzen, bei geringer Hitzezufuhr garen und durch ein Sieb passieren. Zwiebel schälen, würfeln und in der Hälfte der Butter anrösten und unter das Erbspüree rühren. Schweinebauch in wenig Wasser in etwa 30 Minuten halbgar kochen, Sauerkraut, Lorbeerblatt und Wein hinzufügen und weitere 30 Minuten garen.
Erbspüree in einer Schüssel anrichten, mit der restlichen zerlassenen Butter begießen.
Das Fleisch aufschneiden und auf das Sauerkraut legen. Dazu Meerrettichsoße reichen.

Rouladen Rheinischer Art

(für 4 Personen)

4 Rinderrouladen, 4 Schinkenscheiben, 2 EL mittelscharfer Senf,
3 Zwiebeln, 1 Bund Schnittlauch, 2 EL Honig, 1 mittelgroße
Staudensellerie, Salzwasser, 3 EL Schweineschmalz, 4 Möhren,
1/8 l Altbier, 1/4 l Fleischbrühe, Salz, Pfeffer, 1 Messerspitze Zimt,
1 Prise Nelkenpulver, 1 EL Mehl, 1 EL Apfelmus

Rinderrouladen ausbreiten. Senf zusammen mit 1 geschälten, feingewürfelten Zwiebel, geschnittenem Schnittlauch und Honig vermischen und auf die Schinkenscheiben streichen. Staudensellerie putzen, waschen, in Stücke schneiden und in Salzwasser 5 Minuten blanchieren, herausnehmen, auf den Schinkenscheiben verteilen und auf das Rouladenfleisch legen. Zu-

26

FLEISCH UND WURST

sammenrollen und mit Rouladennadeln feststecken. Schweineschmalz in einer Pfanne erhitzen und Rouladen rundum anbraten, herausnehmen und warm stellen. Restliche gewürfelte Zwiebeln zusammen mit gewürfelten Möhren im Bratenfett andünsten, mit Altbier ablöschen und mit Fleischbrühe aufgießen. Zugedeckt etwa 5 Minuten schmoren lassen. Mit den Gewürzen abschmecken. Mit in wenig kaltem Wasser verrührtem Mehl binden, mit Apfelmus abschmecken. Danach Rouladen wieder hinzugeben und weitere 5 Minuten ziehen lassen. Dazu paßt Kartoffelpüree.

"Rheinische Pepse"
Schweinesauerbraten

(für 4 Personen)

Für die Marinade: 1/4 l Wasser, 1/4 l Essig, 1 Zwiebel,
1 Zitrone (unbehandelt), 2 TL Salz, 10 Pfefferkörner, 2 Nelken,
1 Lorbeerblatt, 1 TL Thymian
750 g Schweineschulter, 1/2 TL Salz, 1 Prise Pfeffer,
4 EL Schweineschmalz, 1 Zwiebel, 1 Möhre, 2 EL Mehl,
2 Sardellenfilets

Eine Marinade aus Wasser, Essig, geschäler und gewürfelter Zwiebel, Zitronenscheiben, Salz, Pfefferkörnern, Nelken, Lorbeerblatt und Thymian bereiten, aufkochen, abkühlen lassen und die Schweineschulter darin 2 Tage lang marinieren. Dabei häufig wenden. Schweinefleisch herausnehmen (Marinade aufheben), trockentupfen, salzen und pfeffern. Schmalz im Bratentopf erhitzen, Fleisch von allen Seiten anbraten, geschälte, geviertelte Zwiebel, geputzte, in Scheiben geschnittene Möhre mitschmoren lassen. Mit 2 Tassen abgeseihter Marinade ablöschen und zugedeckt im vorgeheizten Backofen bei 220°C etwa 11/2 Stunden gar schmoren. Dabei öfter begießen. Fleisch herausnehmen, warm stellen. Bratenfond mit etwas Marinade loskochen, Soße durch ein Sieb abseihen. Mit in wenig kaltem Wasser vermischtem Mehl binden und mit feingehackten Sardellenfilets abschmecken. Dazu passen Kartoffelklöße und gemischtes Gemüse.

27

Rheinischer Sauerbraten

(für 6 Personen)

*1,5 kg Rinderschmorbraten, 2 l Wasser, Essigessenz 25%,
1 Bund Suppengrün, 2 Zwiebeln, 10 Pfefferkörner,
5 Wacholderbeeren, 2 EL Öl, 100 g Rosinen, Salz, Pfeffer,
1/2 l Fleischbrühe (Instant), 1/8 l Sahne, 2 — 3 EL Mehl*

Fleisch in Wasser mit Essigessenz, kleingeschnittenem Suppengrün, geschälten, geachtelten Zwiebeln, Pfefferkörnern und Wacholderbeeren 3 Tage einlegen. Dabei hin und wieder wenden. Fleisch herausnehmen und trockentupfen, in heißem Öl rundherum anbraten. Einlegesud abseihen. Davon 1 l mit Rosinen, Salz, Pfeffer und Brühwürfel zum Braten geben. Zugedeckt etwa 1 3/4 Stunden schmoren lassen. Fleisch aus dem Bratenfond herausnehmen und warm stellen. Sahne und Mehl verrühren, Bratenfond damit binden, nochmals aufkochen lassen, mit Salz und Pfeffer abschmecken. Soße über das aufgeschnittene Fleisch gießen. Dazu passen Kartoffelklöße.

Abbildung ober

FLEISCH UND WURST

Rahmgulasch

(für 4 Personen)

800 g Rindfleisch, Salz, Pfeffer, edelsüßes Paprikapulver, 4 Zwiebeln, 1 TL Senf, 1 TL Tomatenmark, 1/8 l Sahne, 1 TL Mehl

Rindfleisch kurz waschen, trockentupfen, in mundgerechte Stücke schneiden, salzen, pfeffern und mit Paprika bestreuen. Zwiebeln schälen, grob würfeln, alles in einen Bratbeutel legen, verschließen, mit einer Gabel oben in der Mitte 1mal einstechen, Bratbeutel auf den Rost legen und im vorgeheizten Backofen 30 Minuten bei 220°C, danach 30 Minuten bei 180°C braten. Bratbeutel öffnen, Fleisch herausnehmen, Soße mit Senf und Tomatenmark würzen, Sahne und Mehl verrühren. Soße damit binden und über das Fleisch gießen. Dazu passen Kümmelkartoffeln mit Petersiliensträußchen.

Abbildung unten

FLEISCH UND WURST

Gehäck

(für 4 – 5 Personen)

1 Schweinelunge, 1 Schweineherz, 1 Speiseröhre,
1 Stange Porree, 1/2 Sellerieknolle, 1 Möhre, 1/2 Bund Petersilie,
1 Lorbeerblatt, 1 l Wasser, 50 g fetter Speck, 3 Zwiebeln,
20 g Butter, 30 g Mehl, 175 g Backpflaumen, Salz,
Pfeffer, 3 EL Rotweinessig, Zucker

Lunge, Herz und Speiseröhre waschen, von Sehnen und Blut säubern und zusammen mit geputztem Porree, Sellerie, Möhre, Petersilie und Lorbeerblatt im Wasser etwa 60 Minuten garen. Danach die Innereien herausnehmen und fein hacken. Speck würfeln und auslassen, Zwiebeln schälen und ebenfalls würfeln und im Speck anrösten. Butter hinzufügen, Mehl unter ständigem Rühren anschwitzen lassen und mit 1/2 l passierter Kochbrühe aufgießen und zum Kochen bringen. Backpflaumen hinzufügen und so lange kochen, bis sie gar sind. Die gehackten Innereien hinzufügen, mit Salz, Pfeffer, Essig und Zucker süß-säuerlich abschmecken.
Dazu paßt Kartoffelpüree und gemischter Salat.

Eifeler Wildschweinbraten

(für 4 Personen)

1,5 kg entbeinte Wildschweinkeule, 125 g fetter Speck,
4 cl Wacholderschnaps, 4 Wacholderbeeren, Pfeffer, Salz,
Thymian, Majoran, Butter zum Braten, 2 Zwiebeln,
etwa 1/4 l Wasser, 1/8 l Rotwein, Zitronenscheiben,
Brombeergelee, 125 g saure Sahne

Wildschweinkeule kurz waschen, trockentupfen, mit dünnen Speckscheiben belegen, aufrollen und zusammenbinden. Mit der Hälfte des Wacholderschnapses begießen und mit einer Mischung aus zerdrückten Wacholderbeeren, Salz, Pfeffer, Thymian und Majoran einreiben. In eine Bra-

FLEISCH UND WURST

tenform geben, mit zerlassener Butter übergießen und bei starker Hitzezufuhr rundum anbraten. Mit Wasser und Rotwein ablöschen und bei geringer Hitzezufuhr im vorgeheizten Backofen bei 220°C so lange braten, bis das Fleisch innen rosig ist. Dabei hin und wieder Wenden und mit kaltem Wasser und Bratenfond übergießen. Speckscheiben entfernen, Fleisch auf vorgewärmter Platte anrichten, mit restlichem Wacholderschnaps begießen, anzünden und abbrennen. Danach Fleisch in Scheiben schneiden, mit Zitronenspalten und Brombeergelee garnieren. Für die Soße den Bratenfond entfetten, durch ein Sieb passieren und mit saurer Sahne verfeinern. Zum Schluß mit Thymian, Majoran, Salz und Pfeffer kräftig abschmecken. Dazu paßt Kartoffelpüree und Apfelmus.

Wildschweinkeule mit Sauerkraut

(für 4 Personen)

1,5 g Wildschweinkeule, 1/2 – 3/4 l Buttermilch, Salz, Pfeffer, 4 Wacholderbeeren, 4 Nelken, edelsüßes Paprikapulver, 6 El Öl, 1/8 l Rotwein, 2 Lorbeerblätter, 4 El Wasser, Wasser zum Angießen, 125 g Zwiebeln, 1 Apfel, 750 g Sauerkraut, 75 g Rosinen, 1/4 l Apfelsaft, Zucker, 1/8 l Sahne, 20 g Mehl

Das Fleisch etwa 24 Stunden in Buttermilch einlegen. Herausnehmen, trockentupfen, mit Gewürzen einreiben und in der Hälfte des erhitzten Öls rundum anbraten. Rotwein, Lorbeerblätter und Wasser hinzufügen. Zugedeckt im vorgeheizten Backofen bei 250°C etwa 2 Stunden schmoren. Zwiebeln schälen, Apfel schälen, Kerngehäuse entfernen und würfeln, zusammen mit Sauerkraut im restlichen erhitzten Öl anbraten. Rosinen und Apfelsaft hinzufügen. Mit Zucker, Salz würzen und etwa 1 Stunde schmoren. Fleisch herausnehmen und warm stellen, Fond mit Wasser auf 1/4 l auffüllen, Sahne mit Mehl verquirlen und die Soße damit binden. Zum Schluß herzhaft abschmecken und zum aufgeschnittenen Fleisch servieren. Dazu passen Kartoffelklöße und Preiselbeerkonfitüre.

FLEISCH UND WURST

Wirsing mit Hackfleischklößchen

(für 4 Personen)

1 kg Wirsing, 90 g Butter, Salz, Pfeffer, etwas Streuwürze, 1/8 – 1/4 l Wasser, 500 g gemischtes Hackfleisch, 1 Zwiebel, 1 Ei, 1 altbackenes Brötchen, geriebene Muskatnuß, 3 – 4 Tropfen flüssige Speisewürze, 3/4 l Fleischbrühe (Instant), 40 g Mehl, 2 – 3 EL Essigessenz 25%, Zucker, 1 Zweig frischer Thymian

Wirsing putzen, achteln und im großen flachen Topf nebeneinander in 40 g Butter dünsten. Salzen, pfeffern, mit etwas Streuwürze abschmecken. Wasser hinzugießen und die Wirsingachtel von jeder Seite 15 Minuten garen. Aus Hackfleisch, feingewürfelter Zwiebel, Ei, in wenig Wasser eingeweichtem und gut ausgedrücktem Brötchen, Salz, Pfeffer, Muskat und flüssiger Speisewürze einen Fleischteig bereiten. 16 Klößchen daraus formen und in Fleischbrühe 10 – 12 Minuten gar ziehen lassen. Klöße aus der Brühe nehmen. Restliche Butter erhitzen, Mehl hineinrühren und mit passierter Fleischbrühe nach und nach auffüllen. Aufkochen lassen. Mit Essigessenz, Zucker und Thymian abschmecken. Klöße in die Soße geben, zusammen mit Wirsingachtel servieren. *Abbildung rechts*

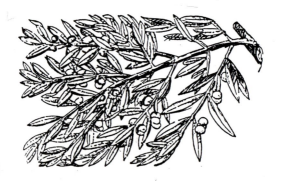

FLEISCH UND WURST

Rinderroulade

(für 4 Personen)

*4 Scheiben Rindfleisch (aus der Blume), Salz, Pfeffer,
Senf, 4 Scheiben durchwachsener Räucherspeck, 3 – 4 Zwiebeln,
1 – 2 Gewürzgurken, 3 Stengel Petersilie, Schweineschmalz,
1/4 – 1/2 l Fleischbrühe (Instant), 1 Prise Zucker, etwas Butter*

Fleisch kurz waschen, trockentupfen, klopfen, salzen und pfeffern. Mit Senf bestreichen und mit je 1 Scheibe Speck belegen. Zwiebeln schälen, in Ringe schneiden, Gewürzgurken in Streifen schneiden und Petersilie fein wiegen, Rouladen damit füllen, zusammenrollen und mit Rouladennadeln feststecken. In erhitztem Schweineschmalz rundum anbraten, mit heißer Fleischbrühe aufgießen, aufkochen und 1 bis 1 1/2 Stunden schmoren lassen. Rouladen herausnehmen, Nadeln entfernen und warm stellen. Soße etwas einkochen lassen, mit Zucker und Salz abschmecken und mit kalter Butter binden. Zusammen mit den Rouladen servieren. Dazu passen Rotkohl und Kartoffelpüree.

Domherrn-Schnitten

(für 4 Personen)

*1 Kalbshirn, 1/8 l Rotweinessig, 1/8 l Wasser, 1 EL Butter,
2 Sardellenfilets, 1 Eigelb, 1 kleine Zwiebel, 2 EL gehackte
Petersilie, 1 Prise geriebene Muskatnuß, Salz, Pfeffer, 1 EL Kapern,
1 Eiweiß, 4 Scheiben Weißbrot, 2 EL geriebener Käse,
1 Prise Cayennepfeffer, 4 Salatblätter, 1 Tomate,
4 Zitronenscheiben*

Kalbshirn mit einer kochenden Mischung aus Rotweinessig und Wasser überbrühen. Abgekühlt, enthäuten, Blut, eventuelle Knochensplitter entfernen und zerkleinern. Butter mit kleingehackten Sardellenfilets, Eigelb, geschälter und geriebener Zwiebel, Petersilie, Gewürzen und Kapern vermi-

FLEISCH UND WURST

schen, alles mit Hirn vermischen. Eiklar steifschlagen und unterziehen. Weißbrot toasten, Hirnmasse aufstreichen, mit Käse und Cayennepfeffer bestreuen und im vorgeheizten

Backofen bei 250°C etwa 8 Minuten überbacken. Auf Salatblättern anrichten, mit Tomatenachtel und Zitronenscheiben garnieren.

Zwiebelkraut mit Leberwurst

(für 4 Personen)

*400 g Zwiebeln, 2 EL Schweineschmalz, 1/4 l Apfelsaft,
700 g rohes Sauerkraut, 1 EL Zucker, Salz, 4 Ringe Koch-Leberwurst*

Zwiebeln schälen und grob würfeln. Im erhitzten Schweineschmalz anbraten, Apfelsaft und zerpflücktes Sauerkraut hinzufügen und aufkochen. Mit Zucker und Salz abschmecken. Leber-

würste obenauf geben und bei geringer Hitzezufuhr zugedeckt etwa 10 Minuten dünsten. Dazu paßt Kartoffelpüree mit ausgelassenem Speck. Wird gerne zum Monatsende gegessen.

Kalbssauerbraten

(für 4 Personen)

*1,5 kg Kalbfleisch, 4 Zwiebeln, 150 g Sellerie,
je 1 TL Wacholderbeeren, Koriander, Piment, Pfefferkörner,
1 1/2 l Wasser, 10 – 12 EL Essigessenz 25%, 1 TL Zucker, Salz,
Pfeffer, 2 – 3 EL Öl, 50 g Rosinen, 1/8 l Sahne, 2 EL Mehl*

Fleisch in eine Schüssel geben. Feingewürfelte Zwiebeln und Sellerie, Gewürze, Wasser, Essigessenz und

Zucker aufkochen. Abgekühlt über das Fleisch gießen und 4 – 5 Tage zugedeckt kühl stellen. Braten aus der

FLEISCH UND WURST

Marinade nehmen, trockentupfen, salzen, pfeffern und im erhitzten Öl von allen Seiten anbraten. Etwa 1 l passierte Marinade zugießen. Im vorgeheizten Backofen bei 200°C etwa 75 Minuten schmoren. Braten herausnehmen und die Soße mit Sahne und angerührtem Mehl binden. Zum Schluß mit Salz, Pfeffer und Zucker abschmecken.
Dazu passen Salzkartoffeln und in Butter geschwenkter Kohlrabi.

Rinderragout

(für 4 Personen)

*1 kg Rindfleisch (Schwanzstück), 1 Zwiebel, 1/4 l Rotwein,
1 Lorbeerblatt, 1/2 Bund Petersilie, 1 TL getrockneter Thymian,
2 EL Öl, Salz, weißer Pfeffer, 1 Möhre, 1 Knoblauchzehe,
50 g Kokosfett, 1 EL Mehl, 1/8 l Fleischbrühe (Instant),
125 g durchwachsener Speck, 100 g Schalotten,
150 g Champignons*

Fleisch kurz waschen, trockentupfen, in mundgerechte Würfel schneiden und in eine Schüssel geben. Zwiebel schälen, in Scheiben schneiden, mit Rotwein, Lorbeerblatt, gehackter Petersilie, Thymian, Öl, Salz und Pfeffer eine Marinade bereiten. Möhre putzen, in Scheiben schneiden und mit Salz zerdrückte Knoblauchzehe hinzufügen. Alles über das Fleisch geben, mit Alufolie abdecken und 3 – 4 Stunden marinieren. Einige Male dabei wenden. Fleisch herausnehmen, trockentupfen und im erhitzten Kokosfett rundherum anbraten. Mit Mehl bestäuben, mit Fleischbrühe und passierter Marinade aufgießen und zugedeckt etwa 2 Stunden schmoren lassen. Gewürfelten Speck braten, gewürfelte Schalotten hinzufügen und dünsten, danach geputzte Pilze hinzufügen und unter gelegentlichem Rühren etwa 15 Minuten schmoren. Mit Salz und Pfeffer abschmecken. Ragout mit Pilzen mischen und servieren. Dazu passen Petersilienkartoffeln und gemischter Salat.

Abbildung links

FLEISCH UND WURST

Gefüllter Schweinebraten

(für 4 Personen)

1,5 kg Schweinebraten aus der Schulter (ausgelöst), Salz,
Pfeffer, 250 g gemischtes Mettfleisch, 1 Bund glatte Petersilie,
5 Salbeiblätter, 2 EL geriebenes Brot, 1 Ei, 30 g Butterschmalz,
200 g Zwiebeln, 2 Fleischtomaten, 1/8 l trockener Weißwein

Eine Tasche in das Fleisch schneiden. Innen und außen salzen, pfeffern. Mett, gehackte Petersilie, Salbei, Brot, Ei und Pfeffer gut vermischen und in die Fleischtasche füllen. Öffnung mit Küchengarn zunähen. Butterschmalz im Schmortopf erhitzen, Fleisch rundum anbraten. Zwiebeln schälen, vierteln, Tomaten waschen, trockentupfen und achteln und zum Fleisch geben.

Mit Weißwein angießen und zugedeckt im vorgeheizten Backofen bei 175°C im Backofen etwa 2 Stunden schmoren. Fleisch herausnehmen. Bratenfond etwas einkochen, durch ein Sieb passieren und abschmecken. Fleisch in Scheiben schneiden und mit der Soße servieren. Dazu passen Salzkartoffeln und Bohnensalat.

Düsseldorfer Kräuterschinken

(für 4 Personen)

2 kg roher, mild gepöckelter Schweineschinken, 1 TL Zucker,
1 1/2 EL Düsseldorfer Senf, reichlich frische Kräuter
der Saison (z.B. Estragon, Liebstöckel, Majoran, Salbei,
Bohnenkraut), 2 Zwiebeln, 4 Knoblauchzehen, 4 Nelken

Schinken mit Zucker einreiben, dünn mit Senf bestreichen, mit der Hälfte der grob geschnittenen Kräuter, Zwiebelwürfeln und zerdrückten Knoblauchzehen bestreuen und etwas

andrücken. Restliche Kräuter, Zwiebelwürfel und Knoblauchzehen zusammen mit dem Schinken und den Nelken in einen Bratbeutel geben, verschließen, mit einer Gabel oben in

FLEISCH UND WURST

der Mitte 1 mal einstechen, Bratbeutel auf den Rost legen und im vorgeheizten Backofen 45 Minuten bei 220°C, danach 45 Minuten bei 180°C braten. Bratbeutel öffnen, Fleisch herausnehmen, Soße in einen Soßentopf abgießen. Den Schinken in dünne Scheiben schneiden. *Abbildung s. Seite 89*

Hochzeitsschinken aus dem Ruhrgebiet

(15 – 20 Personen)

1 ganzer, mild gepökelter Schinken (ca. 10 kg, einige Tage vorher beim Fleischer bestellen), 2 1/2 kg Zwiebeln, Pfeffer, etwas Wasser, etwa 1/8 l Sahne

Schwarte vom Schinken ablösen und hochklappen. Zwiebeln schälen, in Scheiben schneiden und zwischen Schinken und Schwarte legen. Kräftig pfeffern, Schwarte darüber decken, mit Rouladennadeln zusammenstecken. In eine ausreichend große Bratenpfanne Wasser geben, Schinken hineinlegen und je nach Größe im vorgeheizten Backofen bei 170°C 4 – 6 Stunden braten. Dabei einige Male mit Wasser nachgießen. Eventuell restliche Zwiebeln etwa 30 Minuten vor Bratzeitende in die Bratenpfanne legen.
Den Bratfond mit Sahne verfeinern.
Tip: Früher reichte man den Schinken ohne Soße.

FISCH

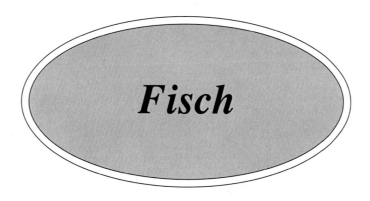

Rheinische Muscheln

(für 4 Personen)

2 kg Miesmuscheln, 1 Zwiebel, 1 Möhre, 1 Stange Porree, 2 EL Butter, 1 Knoblauchzehe, 1 Lorbeerblatt, 1/4 l Weißwein, 3/4 l Wasser, 1/2 TL schwarzer Pfeffer

Muscheln unter fließendem Wasser gründlich abbürsten, mit einem scharfen Messer die Bartbüschel entfernen. Nur geschlossene Muscheln verwenden. Zwiebel und Möhre schälen und würfeln, Porree halbieren, waschen und in Ringe schneiden. Butter in einem großen Topf erhitzen, Gemüse unter Rühren etwa 5 Minuten darin dünsten, zerdrückte Knoblauchzehe, Lorbeerblatt, Weißwein, Wasser und Muscheln hinzufügen, pfeffern. Sprudelnd aufkochen lassen, dann etwa 6 Minuten bei geringer Hitzezufuhr zugedeckt kochen, dabei öfters den Topf schwenken; sobald sich die Muscheln geöffnet haben, aus den Schalen lösen und warm stellen (ungeöffnete Muscheln wegwerfen). Mit Dill, Petersilie und Zitronenscheiben garnieren. Dazu paßt gebuttertes Schwarzbrot. *Abbildung rechts*

FISCH

Heringsstipp (I)

(für 4 Personen)

1 kg Salzheringe, 1/8 l Weißweinessig, 3 Lorbeerblätter,
Pfeffer, Senfkörner, 250 g saure Sahne, 2 Äpfel,
2 Gewürzgurken, 3 große Zwiebeln

Heringe 24 Stunden wässern, entgräten, häuten und filetieren.
Weinessig mit Gewürzen aufkochen und abgekühlt mit der sauren Sahne verrühren. Äpfel und Gurken gewürfelt zugeben. Heringsfilets lagenweise mit Zwiebelringen in einen Steintopf schichten und mit der Soße übergießen. Im Kühlschrank durchziehen lassen.
Dazu passen Pellkartoffeln sowie ein Kölsch oder Alt.

Heringsstipp (II)

(für 4 Personen)

4 Salzheringe, 100 ml Essig, 2 – 3 Pfefferkörner, Senfkörner,
1 Lorbeerblatt, 1/8 l saure Sahne, 3 kleine Zwiebeln

Heringe 24 Stunden wässern, entgräten, häuten, filetieren und in mundgerechte Stücke schneiden. Essig mit Pfefferkörnern, Senfkörnern und Lorbeerblatt aufkochen und erkalten lassen. Gewürze herausnehmen und die Flüssigkeit mit saurer Sahne verrühren. Zwiebeln schälen, in Ringe schneiden und mit den Heringsstücken schichtweise in ein hohes Glas einlegen. Dabei jede Schicht mit der Essig-Sahne-Mischung übergießen. Zugedeckt etwa 2 Tage im Kühlschrank ziehen lassen.
Dazu ißt man rheinisches Schwarzbrot und trinkt dunkles Bier.

FISCH

Gebratener Lachs in Weißwein

(für 4 Personen)

4 große Lachsfilets (früher Salm), Salz, je 1 EL Petersilie, Estragon,
gehackte Zwiebeln, gehackte Kapern, 4 zerkleinerte Sardellen,
Pfeffer, 1/8 l trockener Weißwein.
Für die Soße: 150 g Butter, 1/8 l trockener Weißwein,
1/8 l Fischbrühe

Lachs kurz waschen, trockentupfen und mit Salz einreiben. Eine Marinade aus den angegebenen Zutaten bereiten, erwärmen, Lachs hineinlegen und unter öfterem Wenden etwa 2 Stunden ziehen lassen. Marinade dabei warm halten. Fisch herausnehmen, trockentupfen und in erhitzter

Butter von beiden Seiten etwa 8 Minuten braten, dabei hin und wieder mit abgeseihter Marinade bestreichen. Restliche Marinade / zusammen mit Weißwein und Fischbrühe aufkochen, etwas einkochen lassen und mit Eigelb legieren. Die Soße über den Lachs gießen. Dazu passen Salzkartoffel.

Matjeskartoffeln

(für 4 Personen)

800 g mehlige Pellkartoffeln, 100 g durchwachsener Speck,
2 Zwiebeln, 1/8 – 1/4 l Milch, 4 Matjesfilets,
125 g Sahne, 1 – 2 Eier

Pellkartoffeln pellen, in dünne Scheiben schneiden. Speck würfeln, auslassen und die geschälten in Ringe geschnittenen Zwiebeln darin anbräunen. Kartoffeln hinzufügen und mit

Milch aufgießen. Matjesfilets in kleine Streifen schneiden, unter die Kartoffelmasse ziehen und alles mit einer Mischung aus Sahne und Eiern übergießen, gut verrühren und servieren.

FISCH

Miesmuscheln Niederrheinische Art

(für 4 Personen)

2 kg Miesmuscheln, 4 Zwiebeln, 2 Möhren, 1/2 Sellerieknolle,
1 Petersilienwurzel, 2 TL Kümmel, 4 Pfefferkörner, 1 Bund Petersilie,
1 Lorbeerblatt, Salz, 1/2 l Rheinwein, 1/2 l Wasser

Muscheln unter fließendem Wasser gründlich abbürsten, mit einem scharfen Messer die Bartbüschel entfernen. Nur geschlossene Muscheln verwenden. Zwiebeln und Möhren schälen, in Ringe bzw. in Scheiben schneiden, Sellerieknolle und Petersilienwurzel putzen und würfeln, zusammen mit den Gewürzen, gehackter Petersilie, Lorbeeblatt und Salz in Weißwein und Wasser aufsetzen und sprudelnd kochen lassen. Dabei hin und wieder den Topf schwenken. Sobald sich die Muscheln geöffnet haben, vom Herd nehmen und noch 5 Minuten ziehen lassen. Mit Brühe auf tiefe Teller verteilen (ungeöffnete Muscheln wegwerfen). Dazu paßt Pumpernickel.

44

GEMÜSE

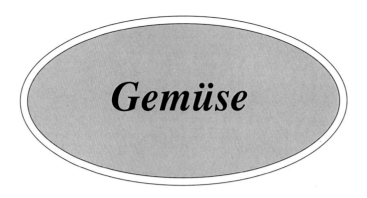

Stampfkartoffeln

(für 4 Personen)

1 kg mehligkochende Kartoffeln, Salz, 3/4 l Wasser,
40 g Butter, 1/8 l Milch oder Sahne, Pfeffer

Kartoffeln schälen, waschen, in Stücke schneiden und in Salzwasser garen. Wasser abgießen. Mit Butter und Milch grob stampfen, mit Pfeffer und Salz abschmecken. Dazu passen, Frikadellen, Bratwurst oder Schweinerippchen. Als Hauptmahlzeit serviert, wird noch Endiviensalat unter die fertigen Stampfkartoffeln gezogen. Schmeckt an sommerlichen Tagen.

Kohlgemüse

(für 4 Personen)

1 1/2 kg Grünkohl, Salzwasser, 50 g Gänseschmalz, 1 Zwiebel, 4 ganze Nelken, 4 Mettwürste, 1 – 2 EL Mehl, Salz, Pfeffer

Grünkohl gut reinigen und die Stiele entfernen. Kohl in Salzwasser etwa 15 Minuten kochen, danach in kaltem Wasser abkühlen, durch ein Sieb abtropfen und abkühlen lassen. Mit einem Messer zerhacken. Gänse-

GEMÜSE

schmalz in einem Topf erhitzen, Zwiebel schälen, fein würfeln und im Schmalz andünsten, Kohl hinzufügen und mit etwa 1/4 l kochendem Wasser aufgießen, etwa 1 Stunden kochen lassen. Danach Nelken hinzufügen, 30 Minuten später Mettwürste obenauflegen und weitere 30 Minuten kochen. Zum Schluß Mehl in wenig kaltem Wasser anrühren und den Kohl damit binden. Dazu passen am besten Salzkartoffeln.

Alfterer Spargel

(für 4 Personen)

1 kg Spargel, Wasser, 250 g Butter, 1 TL Zucker, Salz,
1 hartgekochtes Ei, 1 Bund Petersilie, 8 – 12 Scheiben
roher Knochenschinken

Spargel schälen, holzige Enden abschneiden. Zu 4 Portionen bündeln und mit Küchengarn binden. In einem großen, halb mit Wasser gefüllten Topf 20 g Butter mit Zucker und etwas Salz aufkochen. Spargel 15 Minuten bei mittlerer Hitze darin garen lassen. Herausnehmen, auf 4 Tellern mit Schinken anrichten. Restliche Butter erhitzen, gehacktes Ei und Petersilie hinzufügen, kurz verrühren und über den Spargel gießen.

GEMÜSE

Rübstiel

(für 4 Personen)

*1 kg Mangold, Salz, Wasser, 40 g Butter, 2 Zwiebeln,
Pfeffer, geriebene Muskatnuß, 1/2 zerdrückte Knoblauchzehe,
1/4 TL Honig, 500 g fertigzubereitete Stampfkartoffeln*

Mangoldstiele mit zarten Blättern waschen, in Streifen schneiden und in kochendem Salzwasser 1/2 Minute blanchieren. Abgießen und mit kaltem Wasser abschrecken. Danach 30 Minuten wässern und abtropfen. In einem Topf Butter zerlassen, geschälte und feingewürfelte Zwiebeln darin anrösten, Mangoldstiele hinzufügen, mit Salz, Pfeffer, Muskatnuß, Knoblauchzehe und Honig würzen, gut vermischen und etwa 5 Minuten dünsten. Mit Stampfkartoffeln vermischen. Dazu paßt gekochtes Fleisch.

"Köhl"
Grünkohl

(für 4 Personen)

*1 1/2 kg Grünkohl, Salzwasser, 125 g fetter Speck,
2 1/2 kg Kartoffeln, 250 g geräucherte Bratwurst, Salz,
gemahlene Nelken*

Grünkohl gut reinigen und die Stiele entfernen. Kohl in Salzwasser etwa 15 Minuten kochen, danach in kaltem Wasser abkühlen, durch ein Sieb abtropfen und abkühlen lassen. In einem Schmortopf den gewürfelten Speck auslassen, geschälte und in Stücke geschnittene Kartoffeln mit wenig Wasser hinzufügen und kochen. Grünkohl durch die grobe Scheibe des Fleischwolfes drehen, auf die Kartoffeln geben und Bratwurst obenauf legen. Mit Salz und Nelken würzen. Zugedeckt etwa 30 Minuten garen Blutwurst herausnehmen und warmstellen. Kartoffeln mit Grünkohl stampfen.

Süßsaure Schwarzwurzeln

(für 4 Personen)

*1 kg frische Schwarzwurzeln, 2 EL Mehl,
40 g Butter, 6 EL Essigessenz 25%, 1/8 l süße Sahne,
Salz, 1 TL Zucker*

Die Schwarzwurzeln waschen, dünn schälen und in mundgerechte Stücke schneiden. Dabei gleich in Essig-Essenz-Wasser (1 l Wasser, 3 EL Essig-Essenz) legen, so daß sie gerade bedeckt sind, damit sie sich nicht verfärben. Abgetropfte Schwarzwurzeln mit ca. 1 l Wasser, salz und restlicher Essig-Essenz 20 - 25 Minuten garen (Schwarzwurzeln müssen mit Flüssigkeit bedeckt sein), dann abgießen und Sud auffangen. Aus Butter und Mehl

GEMÜSE

eine helle Schwitze bereiten. Mit Schwarzwurzelsud und der Sahne auffüllen und aufkochen lassen. Mit Zucker süß-sauer abschmecken. Schwarzwurzeln darin heiß werden lassen. Dazu Kassler und Salzkartoffeln reichen.

Abbildung links

Buttermilchkartoffeln

(für 4 Personen)

100 g geräucherter Speck, 1 Zwiebel, 1 EL Mehl, 1/2 l Buttermilch, Salz, Pfeffer, etwas Essig, 1 kg Pellkartoffeln, gehackte Petersilie

Speck in feine Streifen schneiden und in der Pfanne auslassen. Zwiebel schälen, würfeln und im Speck andünsten. Mit Mehl bestäuben, mit Buttermilch aufgießen. Verrühren und mit Salz, Pfeffer und Essig pikant abschmecken. Pellkartoffeln pellen, in dünne Scheiben schneiden und in der Buttermilchmischung ziehen lassen. Dazu Kopfsalat, Bratwurst reichen, mit gehackter Petersilie bestreuen. Eignet sich als leichtes Sommergericht.

PFANNENGERICHTE

Pannasch

(für 6 – 8 Personen)

1 1/2 l Wasser, Knochen, Schwarten, 125 g durchwachsener Speck, 50 g Grieben, 1 EL Salz, 1/2 TL Pfeffer, etwas Macisblüte, Nelkenpulver, je 1 Prise Majoran und Thymian, 250 g Buchweizenmehl

Wasser zusammen mit Knochen und Schwarten aufsetzen und etwa 3/4 Stunde kochen lassen. Knochen und Schwarten herausnehmen. Speck würfeln, zusammen mit gehackten Grieben und den Gewürzen zum Kochen bringen. Unter ständigem Rühren Buchweizenmehl hineinrieseln lassen, und etwa 20 Minuten bei geringer Hitzezufuhr so lange kochen lassen, bis sich die Masse vom Topfrand löst, danach in Schüsseln abfüllen und erkalten lassen. In etwa zweifingerdicke Stücke schneiden, in ausgelassenem fetten Speck auf beiden Seiten knusprig braten. Dazu reicht man Kartoffel- oder Endiviensalat.

Tip: Pannasch schmeckt besonders gut, wenn man Fleischreste hinzufügt.

PFANNENGERICHTE

Waldbeerkuchen

(ergibt etwa 4 Stück)

500 g frische oder TK — Heidelbeeren, 8 Eier, 8 EL Mehl,
1 TL Salz, knapp 3/8 l Milch, 3 Scheiben Zwieback,
etwas Öl, Butter, Zucker und Zimt

Beeren waschen (TK-Ware nur leicht antauen), Eigelbe mit Mehl, Salz und Milch verrühren. Eiweiße mit einer Prise Salz steif schlagen. Zwieback zerdrücken. 2 EL Öl in der Pfanne erhitzen, Eischnee unter den Pfannkuchenteig heben, ein Viertel davon in die Pfanne geben, mit einem Viertel der Beeren bestreuen und Zwiebackbrösel darüber verteilen. Bei kräftiger Hitzezufuhr backen, bis die Unterseite gebräunt ist. Oberseite mit Butterflöckchen belegen, Pfannkuchen wenden und bei milder Hitzezufuhr fertigbacken. Mit den restlichen Teigportionen ebenso verfahren. Zum Schluß alle mit Zimt-Zucker-Mischung bestreuen.

Pfuffertplätzkes

(für 4 Personen)

2 Eier, 1 TL Salz, 3 EL Zucker, 500 g Mehl, 3/8 l Milch,
1/8 l Wasser, 1 Päckchen Backpulver, 2 Äpfel, 40 g Rosinen,
etwa 150 g Butter zum Backen

Eier trennen, Eigelbe mit Salz und Zucker verrühren. Nach und nach Mehl, Milch und Wasser hinzufügen. Eiweiße steif schlagen und zusammen mit Backpulver unter den Teig rühren. Geschälte, entkernte und kleingewürfelte Äpfel sowie Rosinen hinzufügen. In einer großen Pfanne Butter erhitzen, eßlöffelweise Teig so nebeneinander setzen, daß beim Backen genügend Platz dazwischen ist. Auf beiden Seiten goldbraun ausbacken. Zusammen mit dick gekochtem Reis servieren, mit Zucker und Zimt bestreuen.

PFANNENGERICHTE

Dinkelbratlinge mit Kräutersoße

(für 4 Personen)

Für die Bratlinge: 250 g Dinkel, 1/4 l Hefe-Gemüsebrüheextrakt,
150 g Möhren, 1 Zwiebel, 1 Bund Schnittlauch, 2 Eier,
250 g Magerquark, 30 g Vollweizengrieß, Meersalz,
weißer Pfeffer, 60 g Butter
Für die Kräutersoße: 2 Becher Vollmilchjoghurt, 2 EL Créme fraiche,
Pfeffer, 1 – 2 TL Essigessenz 25%, 1 – 2 TL Honig, je 2 Bund
Petersilie, Dill , Schnittlauch, 1 Tablett Kresse,
100 g Kirschtomaten

Dinkel über Nacht in kaltem Wasser einweichen. Am nächsten Tag im Einweichwasser mit Gemüsebrühe 90 Minuten kochen. Geschälte, gewaschene Möhren 20 Minuten mitgaren. Über einem Sieb abtropfen lassen. Möhren sehr fein würfeln.

Abgekühlten Dinkel mit Möhren- und Zwiebelwürfeln, Schnittlauchröllchen, Eiern, 100 g gut abgetropftem Quark und Grieß vermengen. Mit Meersalz und Pfeffer abschmecken. 10 – 15 Minuten quellen lassen. Aus der Masse 8 Bratlinge formen, in heißer Butter von jeder Seite 3 – 4 Minuten goldbraun braten, warm stellen.

Für die Soße restlichen Quark, Joghurt, Créme fraîche, Meersalz, Pfeffer, Essig-Essenz und Honig verrühren. Gewaschene, gut abgetropfte Kräuter fein gehackt darunterrühren. Die Dinkelbratlinge mit Kräutersoße und Kirschtomaten servieren.

Abbildung rechts

Speckpfannkuchen

(ergibt 4 Stück)

4 Eier, 4 EL Mehl, 1/4 TL Salz, gut 1/4 l Milch,
125 g durchwachsener Speck, Zucker nach Geschmack

Eier, Mehl und Salz gut verrühren, Milch hinzufügen, dabei muß ein dünner Eierkuchenteig entstehen. Speck würfeln, in der Pfanne auslassen, Teig hineingeben und mit einer Gabel rührend "zerreißen". Mit Zucker bestreuen und dick auf Schwarzbrot legen. Ißt man gerne nachmittags.

PFANNENGERICHTE

"Rievkooke" Kölner Reibekuchen

(für 4 Personen)

1 kg Kartoffeln, 1/8 l Milch, 3 – 4 Eier, 2 – 3 EL Mehl, Salz, Öl

Kartoffeln schälen, waschen und auf der Handreibe reiben. Geriebene Kartoffeln in ein Leinentuch geben und sorgfältig ausdrücken. Mit Milch, Eiern und Mehl vermischen, mit Salz abschmecken. In einer Pfanne Öl erhitzen und Reibekuchen von etwa 10 cm Durchmesser auf beiden Seiten knusprig braun backen. Dazu paßt Kompott oder Blattspinat.

Scholes mit Rettich

(für 4 Personen)

500 g Kartoffeln, 1 altbackenes Brötchen, 50 g Rindertalg, 1 Zwiebel, 2 Eier, Salz, Pfeffer, Öl

Kartoffeln schälen, waschen und auf der Handreibe fein reiben. Brötchen in wenig Wasser einweichen, ausdrücken, Rindertalg in Würfel schneiden, Zwiebel schälen und würfeln. Alles zusammen mit Eiern vermischen, salzen und pfeffern. Öl in einer großen Pfanne erhitzen, Kartoffelteig hineingießen und auf beiden Seiten knusprig braun braten. Mit Rettichsalat servieren. Dazu paßt ein gut gekühltes Kölsch (Altbier).

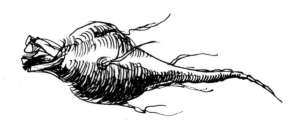

BEILAGEN

Kartoffelklöße

(für 4 Personen)

750 g Pellkartoffeln, 750 g Kartoffeln, 1 Ei, 2 EL Mehl, Salz, 2 – 3 l Salzwasser

Pelkartoffeln pellen, abkühlen lassen und reiben. Rohe Karoffeln schälen, waschen, auf der Handreibe reiben, in ein Leintuch geben und sehr gut auspressen. Kartoffeln mit Ei, Mehl und Salz gut vermischen und Klöße daraus formen. Salzwasser zum Kochen bringen und Klöße hineingeben, nach dem Aufsteigen etwa 20 Minuten ziehen lassen.

Hefeklöße

(für 4 Personen)

500 g Mehl, 30 g Hefe, 1 1/2 EL Zucker, 1/4 – 3/8 l lauwarme Milch, 50 g Butter, 1 Prise Salz

Mehl in eine Schüssel sieben, eine Vertiefung hineindrücken, Hefe hineinbröseln, Zucker und die Hälfte der Milch hinzufügen. Leicht verrühren, etwas Mehl darüber stäuben. An einem warmen Ort zugedeckt etwa 15 Minu-

BEILAGEN

ten gehen lassen. Restliche Milch, die zerlassene, leicht abgekühlte Butter und Salz dazugeben, alles zu einem glatten Teig verkneten. Tennisball-große Klöße formen, zugedeckt

15 Minuten an einem warmen Ort gehen lassen. In kochendes Wasser geben und 10 – 15 Minuten kochen, nach Belieben mit reichlich flüssiger Butter beträufeln.

Grünkernklöße süß-sauer

250 g Grünkernschrot, 20 g Butter, 1 TL Salz, 1 Zwiebel,
1 Knoblauchzehe, 1 Bund Petersilie, 2 Eier, 2 Vollkornzwieback,
1/2 rote Paprikaschote, 30 g Butter, 30 g Mehl, 125 ml Wasser,
250 ml Fleischbrühe, 125 ml süße Sahne, 30 g Kapern, 8 grüne
Pfefferkörner, 2 – 3 TL Essigessenz, Zucker

Den Grünkernschrot mit Butter und Salz in 750 ml kochendes Wasser geben, aufkochen und ca. 30 Minuten bei geringer Hitze quellen lassen. Die Zwiebel und die Knoblauchzehe schälen und klein würfeln. Die Petersilie waschen und hacken. Den Schrot gut ausdrücken und mit Zwiebeln, Knoblauch, Petersilie und Eiern vermengen. Die Zwiebäcke reiben und die Paprikaschote waschen, entkernen, in Würfel schneiden, beides zugeben und den Teig durcharbeiten. Mit angefeuchteten Händen

16 Klöße formen und im kochendem Salzwasser, bei geringer Hitze 10 Minuten ziehen lassen. In der Zwischenzeit die Butter in einem Topf erhitzen, das Mehl zugeben und eine helle Mehlschwitze zubereiten. Mit Wasser, Brühe und Sahne aufgießen, aufkochen lassen. Die Kapern und die Pfefferkörner einrühren. Mit der Essigessenz und dem Zucker süß-sauer abschmecken.
Dazu paßt buntes Paprikagemüse und eine braune Grundsoße (Fertigprodukt). *Abbildung rechts*

56

BEILAGEN

Buntes Paprikagemüse

(für 4 Personen)

*500 g gelbe, grüne und rote Paprikaschoten,
1 Zwiebel, 40 g Butter, 5 EL Fleischbrühe, Salz,
schwarzer Pfeffer*

Die Paprikaschoten putzen, halbieren, Kerne entfernen und waschen. Abtropfen lassen und in Streifen schneiden. Die Zwiebel schälen und würfeln. Die Butter in einem Topf zerlassen und die Paprikastreifen und Zwiebelwürfel darin 5 Minuten andünsten. Die Fleischbrühe zugeben und mit Salz und frisch gemahlenem Pfeffer abschmecken, nochmals 10 Minuten garen lassen. Das Paprikagemüse auf einer Platte verteilen. Paßt zu Grünkernklößchen mit dunkler Soße.

Abbildung Seite 57

Eier in Senfsoße

(für 4 Personen)

*30 g Butter, 20 g Mehl, 1/4 l Milch, 3 EL mittelscharfer Senf,
etwas Essig, Zucker, weißer Pfeffer, Salz,
3/4 l Wasser, 1/8 l Essig, TL Salz, 4 Eier, etwas Öl*

Butter erhitzen, Mehl hineinrühren und anrösten, unter Rühren Milch hinzufügen, etwa 10 Minuten kochen lassen. Mit Senf, Essig, Zucker, Pfeffer und Salz zu einer pikanten Soße abschmecken. Danach Wasser mit Essig und Salz aufkochen. Eier einzeln in eine mit etwas Öl ausgefettete Schöpf- kelle geben, und in das siedende Wasser gleiten lassen. Bei geringer Hitzezufuhr etwa 4 Minuten ziehen lassen. Eier mit der Schaumkelle herausnehmen, abtropfen lassen und in die Senfsoße geben.
Dazu paßt Kartoffelpüree oder kräftiges Bauernbrot und Blattsalat.

BEILAGEN

Rheinisches Weinkraut

(für 4 Personen)

800 g mild gesalzenes Sauerkraut, 4 Zwiebeln,
60 g Schweineschmalz, 2 säuerliche Äpfel,
200 g geräucherter Speck, 1/4 l Wasser, 1/4 l Weißwein

Sauerkraut zerpflücken, Zwiebeln schälen und fein würfeln, in erhitztem Schmalz anrösten. Äpfel schälen, Kerngehäuse ausstechen, in Scheiben schneiden und zusammen mit dem ge- würfelten Speck und Sauerkraut zu den Zwiebeln geben. Mit Wasser und Wein aufgießen und zugedeckt etwa 30 Minuten garen. Dazu passen Salzkartoffeln oder Kartoffelpüree.

Gefüllte Tomaten

(für 4 Personen)

8 große Tomaten, Salz, Pfeffer, 20 g Butter
Für die Füllung: 20 g Butter, 20 g Mehl, Salz, 300 ml Milch,
8 Champignons, 40 g geräucherte Rinderzunge, 1 Essiggurke,
1 Prise Piment, 1 EL Weckmehl, 1 – 2 EL geriebener Käse,
Butterflöckchen

Tomaten waschen, halbieren, entkernen, Saft vorsichtig entfernen, Tomateninneres salzen und pfeffern. Butter in einer Bratpfanne erhitzen, Tomaten mit der Öffnung nach oben nebeneinander setzen und im vorgeheitzten Backofen bei 180° C 5 – 6 Minuten dämpfen. Für die Füllung aus Butter und Mehl eine Schwitze bereiten, salzen und unter Rühren mit Milch auf- gießen, etwa 10 Minuten köcheln lassen. Pilze putzen und würfeln, ebenso Rinderzunge und Essiggurke, mit Piment würfeln und zur Mehlschwitze geben, kurz aufkochen lassen und in die Tomaten hoch auffüllen. Mit Weckmehl, Käse und Butterflöckchen bestreuen und im vorgeheitzten Backofen bei 220° C 3 – 5 Minuten überbacken.

SALATE UND SOSSEN

Rettichsalat

(für 4 Personen)

2 mittelgroße Rettiche, Salz, Pfeffer, 2 – 3 EL Obstessig,
250 g saure Sahne

Rettich schälen und auf der Handreibe grob reiben. Salzen, pfeffern, mit Essig und saurer Sahne anmachen. Tip: Nach Belieben mit Kräutern garnieren.

Weißkohlsalat

(für 4 Personen)

750 g Weißkohl, 1 großer Apfel, 1/8 l trockener Weißwein,
1/8 l Wasser, 1/2 TL gemahlener Kümmel, 2 – 3 EL Zucker,
2 – 3 TL Weinessig, Salz, 100 g durchwachsener Speck, Pfeffer

Weißkohl putzen, waschen und in feine Streifen schneiden. Apfel schälen, Kerngehäuse ausstechen und würfeln. Weißkohl mit Wein, Wasser, Kümmel,

SALATE UND SOSSEN

Zucker, Essig und Salz zugedeckt etwa 40 Minuten garen, Weißkohl in eine Schüssel geben. Apfelstücke ebenfalls in wenig Wasser etwa 5 Minuten dünsten. Speck würfeln, auslassen und zusammen mit Weißkohl und Apfelwürfeln vermischen, pfeffern und warm servieren. Dazu paßt Schweine- oder Wildschweinbraten mit Kartoffelklößchen und Soße.

Sauerkrautsalat

(für 4 Personen)

*350 g rohes Sauerkraut, 2 säuerliche Äpfel, 1 Gewürzgurke,
1 Zwiebel, je 1 TL gehackter Dill, Petersilie, Schnittlauch und
Zitronenmelisse, 4 – 6 EL Salz, 2 EL Zucker, Saft von 1/2 Zitrone*

Sauerkraut mit einer Gabel zerpflücken. Äpfel schälen, Kerngehäuse ausstechen, würfeln, Gurke in feine Streifchen schneiden, Zwiebel schälen und fein würfeln. Alles zusammen mit den Kräutern unter das Sauerkraut mischen, mit erhitztem Öl übergießen. Mit Salz, Zucker und Zitronensaft abschmecken nochmals vermengen, ziehen lassen und abgekühlt servieren.

Kopfsalat Rheinische Art

(für 4 Personen)

*1 kleiner Kopfsalat, 250 g rote und grüne Paprikaschoten,
2 Zwiebeln
Für die Soße: 3 – 4 EL Öl, 2 – 3 EL Weinessig, 1 TL Senf,
2 EL Kondensmilch, Salz, Pfeffer, 1 EL gehackte Petersilie*

Salat putzen, waschen und trockentupfen. Paprikaschoten putzen und in feine Streifen schneiden. Zwiebeln pellen und in feine Ringe schneiden. Salatzutaten miteinander mischen. Eine Soße aus den angegebenen Zutaten bereiten, abschmecken und über den Salat gießen.

SALATE UND SOSSEN

Bohnensalat

(für 4 Personen)

500 g grüne Bohnen, 3/4 l Wasser, 1 EL Salz, Pfefferkörner,
250 g gekochtes Rindfleisch
Für die Soße: 4 EL Mayonnaise, 1/2 TL Salz, 1 EL Zitronensaft,
1 EL Orangensaft, 1 Messerspitze Cayennepfeffer,
edelsüßes Paprikapulver

Bohnen abfädeln, waschen, in etwa 4 cm lange Stücke brechen und in kochendes Wasser geben. Pfefferkörner hinzufügen, bei geringer Hitzezufuhr etwa 35 Minuten kochen und abtropfen. Erkaltete Bohnen mit Rindfleischstreifen vermischen. Aus den angegebenen Zutaten eine Soße bereiten und über den Bohnensalat gießen. Nach Belieben mit Tomaten garnieren.

Kalte Schnittlauchsoße

(für 4 Personen)

1/8 l Milch, 1 gehäufter EL Mehl, 3 EL Wasser,
2 hartgekochte Eier, 2 EL Öl, 2 Bund Schnittlauch,
Salz, Pfeffer, Essig

Milch aufkochen, Mehl mit wenig kaltem Wasser anrühren und in die kochende Milch geben. Unter ständigem Rühren etwa 5 Minuten aufkochen und erkalten lassen. Eier pellen, halbieren, Eigelb herauslöffeln und mit Öl zu einer dicklichen Masse rühren. Eiweiße grob hacken und unter das gehackte Eigelb ziehen. Eimischung mit einem Schneebesen behutsam unter die weiße Soße ziehen, mit geschnittenem Schnittlauch, Salz, Pfeffer und Essig pikant abschmecken. Paßt zu Salzkartoffeln.

SALATE UND SOSSEN

Endiviensalat

(für 4 Personen)

1 Kopf Endiviensalat, 3 EL Essig, 3 EL Öl, Salz, Pfeffer, 2 Zwiebeln

Endiviensalat putzen, waschen und in feine Streifen schneiden, abtropfen lassen. Aus Essig, Öl, Salz und Pfeffer eine Soße bereiten. Zwiebeln schälen, fein hacken und zur Soße geben, vermischen und über den Endiviensalat gießen. Paßt besonders gut zu Stampfkartoffeln oder Kartoffelpüree.

Meerettichsoße

(für 4 Personen)

40 g Butter, 40 g Mehl, 1/2 l Fleischbrühe (Instant), 1 Eigelb, 4 – 6 EL Meerrettich (aus dem Glas)

Butter in einem Topf erhitzen, unter Rühren Mehl hinzufügen und hellbraun anrösten, mit Brühe nach und nach unter Rühren aufgießen, etwa 10 Minuten kochen lassen, mit Eigelb legieren, Topf vom Herd nehmen, Meerrettich einrühren und nach Belieben mit Salz abschmecken.

SÜSSPEISEN

Aachener Reiskuchen

(ergibt 6 Stück)

350 g Mehl, 20 g Hefe, 50 g Zucker, 1 Prise Salz, Abgeriebenes von 1/2 Zitrone (unbehandelt), 0,2 l Milch, 1 EL Butter
Für den Belag: 400 g Milchreis (Fertigprodukt), 1/2 Päckchen Vanille-Puddingpulver, 1 Eigelb, 1 Eiweiß, 2 Äpfel, 2 EL Rosinen

Aus den Teigzutaten einen Hefeteig bereiten, gut durchkneten und zur Kugel formen. An einem warmen Ort zugedeckt 30 Minuten gehen lassen. Für den Belag Milchreis mit Puddingpulver und Eigelb gut verrühren. Äpfel schälen, Kerngehäuse ausstechen und in kleine Stücke schneiden. Eiweiß halbfest schlagen und unter die Milchreis-Masse heben. Hefeteig nochmals gut durchkneten, abermals zur Kugel formen, und diese in 6 gleichgroße Stücke teilen. Jedes Teigstück zu einem Fladen formen, und mit den Fingern einen kleinen Rand kneten. Apfelstücke auf die Fladen verteilen, Rosinen darüber streuen und die Milchreis-Masse löffelweise daraufgeben. Im vorgeheizten Backofen bei 180°C etwa 20 Minuten backen. Dazu paßt Vanille- oder Fruchtsoße.

Abbildung rechts

SÜSSPEISEN

Bettelmann

(für 4 Personen)

150 g Pumpernickel, 150 g Weißbrot, 100 g Zucker, Zimt,
Abgeriebenes von 1 Zitronenschale (unbehandelt),
1/8 bis 1/4 l Moselwein, je 50 g Korinthen und Sultaninen,
500 g Äpfel, 70 g Butter

Pumpernickel und Weißbrot reiben, mit 80 g Zucker, Zimt und Zitronenschale mischen und mit etwas Wein ein wenig anfeuchten. Korinthen und Sultaninen waschen, trockentupfen und untermengen. Äpfel schälen, Kerngehäuse ausstechen, in Scheiben schneiden. Eine Puddingform mit Butter ausfetten, und die Hälfte der Brotmasse hineinfüllen. Apfelscheiben darauf legen, mit restlichem Zucker bestreuen. Danach die zweite Hälfte der Brotmasse darauf verteilen und mit der übrigen Butter flöckchenweise belegen. Abdecken und im vorgeheizten Backofen bei 175°C etwa 1 1/2 Stunden langsam backen. Heiß mit Zucker und Zimt servieren.

Apfelcharlotte

(für 4 Personen)

1,5 kg Äpfel, 1/4 l Orangensaft, 10 – 12 dünne Weißbrotscheiben,
100 g Butter, 250 g Sahne, 2 – 4 cl Orangenlikör

Äpfel schälen, Kerngehäuse ausstechen, vierteln und zusammen mit Orangensaft einmal aufkochen, im geöffneten Topf bei geringer Hitzezufuhr einkochen, danach erkalten lassen. Weißbrotscheiben durch zerlassene Butter ziehen und eine hitzebeständige Form mit einem Teil des Brotes auslegen, Apfelkompott hineinfüllen, mit restlichen Brotscheiben bedecken. Im vorgeheizten Backofen auf der untersten Einschubleiste bei 160°C etwa 80 – 90 Minuten backen. Sahne sehr steif schlagen, mit Orangenlikör aromatisieren und getrennt zur heißen Apfelcharlotte servieren. Die Sahne nach Belieben mit Vanillezucker aromatisieren.

66

SÜSSPEISEN

Apfelkompott

(für 4 Personen)

*600 g Äpfel, 1/4 l Weißwein, 100 g Zucker,
1/2 Päckchen Vanillinzucker, Zitronensaft*

Äpfel schälen, Kerngehäuse ausstechen und in Scheiben schneiden. Wein mit Zucker und Vanillinzucker aufkochen, Apfelscheiben darin garen. Zum Schluß mit Zitronensaft abschmecken.

Graupen mit Pflaumen

(für 4 Personen)

*100 g Graupen, 1/4 l Wasser, 1 l Milch, Salz,
300 g Backpflaumen, Zucker, Zimt*

Graupen mit Wasser über Nacht einweichen. Zusammen mit Einweichwasser, Milch und Salz etwa 40 – 50 Minuten köcheln lassen. Etwa 15 Minuten vor Garzeitende die eingeweichten, abgetropften Pflaumen hinzufügen und fertiggaren. Mit Zucker und Zimt bestreuen. Danach Eierpfannkuchen reichen. Gilt im Rheinland als beliebtes Alltagsgericht.

SÜSSPEISEN

Eierpfannkuchen

(für 4 Personen)

1/4 l Milch, 1/8 l Wasser, 4 – 6 EL Mehl, 1/2 TL Backpulver,
4 Eier, Salz, 100 g Zucker, 60 g Butter, 1/2 TL Zimt

Milch, Wasser und Mehl glatt verrühren, Backpulver, Eier, Salz und etwa die Hälfte des Zuckers unterrühren. Butter in der Pfanne erhitzen, Pfannkuchen portionsweise herausbacken. Den restlichen Zucker mit Zimt vermischen und darüber streuen.
Tip: Man kann die Eierpfannkuchen auch mit Apfelscheiben und gewürfeltem Speck zubereiten. Dann serviert man sie als Hauptmahlzeit mit Kopfsalat oder Pflaumenkompott.

Arme Ritter

(für 4 Personen)

6 – 8 altbackene Brötchen, 3/8 l Milch, 2 Eier, 4 EL Zucker,
1/2 Päckchen Vanillinzucker, abgeriebene Schale
von 1/2 Zitrone (unbehandelt), 80 g Butter,
5 EL Semmelmehl, Zimt, Zucker

Brötchen entrinden und halbieren. Milch mit Eiern, Zucker, Vanillinzucker und abgeriebener Zitronenschale verrühren und Brötchen darin durchweichen lassen. Brötchen in Semmelmehl wenden und in erhitzter Butter auf beiden Seiten goldgelb backen. Noch heiß mit Zucker und Zimt bestreuen.

Bollehäuschen
Rezept s. S. 72

SÜSSPEISEN

"Eierkäs"
Geronnene Milch

(für 4 Personen)

3 l Milch, 3 l saure Milch, 8 Eier, Zucker, Zimt

Milch zum Kochen bringen. Saure Milch mit verquirlten Eiern vermischen und in die heiße Milch gießen. Etwa 3 – 4 Stunden ziehen lassen, danach durch ein Leintuch geben und durch ein Sieb ablaufen lassen. Zurück bleibt gelber "Eierkäs", auf Tellern anrichten und mit Zucker und Zimt bestreut servieren.

Apfelklöße

(für 4 Personen)

75 g Butter, 50 g Zucker, 3 Eier, 400 g Mehl, 1/8 l Milch, 1 TL Salz, 500 g säuerliche Äpfel, 3 – 4 l Salzwasser, 100 g Butter, Zimt – Zucker

Butter, Zucker, Eier, Mehl, Milch und Salz zu einem Teig verrühren. Äpfel schälen, Kerngehäuse ausstechen, in kleine Schnitze schneiden und unter den Teig heben. Mit einem in heißem Wasser getauchten Eßlöffel Klöße abstechen und im siedenden Salzwasser portionsweise etwa 15 Minuten ziehen lassen. Klöße mit zerlassener Butter, Zucker und Zimt servieren. Man kann auch Rübenkraut oder Honig dazu reichen.

70

KUCHEN UND GEBÄCK

Kölner Mohnstollen

*500 g Mehl, 40 g Hefe, 70 g Zucker, gut 1/4 l laumwarme Milch, 70 g Butter, Abgeriebenes von 1/2 Zitrone (unbehandelt), 1 – 2 Eier, 1 Prise Salz
Für die Füllung: 250 g gemahlener Mohn, 100 g Zucker, 1/4 l Milch, 100 g Mandelstifte, 1 Eigelb, 20 g Butter
Für die Glasur: 200 g Puderzucker, 1 Eiweiß, 4 EL Zitronensaft*

Mehl in eine Schüssel sieben, eine Vertiefung eindrücken, mit Hefe, 2 TL Zucker, Salz und 2 EL Milch einen Vorteig bereiten, zugedeckt an einem warmen Ort etwa 15 Minuten gehen lassen. Zusammen mit restlichen Zutaten einen glatten Teig kneten, abermals zugedeckt etwa 15 Minuten gehen lassen. Für die Füllung Mohn, Zucker und Milch aufkochen, 10 Minuten quellen, danach etwas abkühlen lassen. Mandelstifte, Eigelb und Butter unterrühren. Masse auf den ausgerollten Hefeteig verteilen und mit Hilfe eines Küchentuches zusammenrollen. Auf ein mit Backpapier ausgelegtes Backblech geben, zugedeckt weitere 15 Minuten gehen lassen. Im vorgeheizten Backofen bei 180°C etwa 45 Minuten backen. Ausgekühlt mit einer Mischung aus Puderzucker, geschlagenem Eiweiß und Zitronensaft bestreichen. Wird gerne an Sonn- und Feiertagen gebacken.

KUCHEN UND GEBÄCK

Waffeltorte

(ergibt etwa 2 Stück)

200 g Butter, 200 g Zucker, 4 Eier, 1 Päckchen Vanillinzucker,
1 EL Rum, 1 EL Backpulver, 400 g Mehl, Schmalz zum Ausfetten
Für die Füllung: 500 g Sahne, 2 Päckchen Vanillinzucker,
Schattenmorellen aus dem Glas

Butter, Zucker, Eigelbe und Vanillinzucker schaumig schlagen, danach Rum, das mit Backpulver vermischte Mehl unterheben, zum Schluß das steifgeschlagene Eiklar unterziehen. Das heiße Waffeleisen dünn mit Schweineschmalz einpinseln, 1-2 EL Teig hineinfüllen und goldgelbe Waffeln backen. Waffeln erkalten lassen. Sahne mit Vanillinzucker steifschlagen und abgetropfte, entsteinte Kirschen unter die Sahne heben. Waffeln schichtweise mit Kirschen-Sahne bestreichen und übereinandersetzen. Eventuell zum Schluß mit Sahne und Kirschen garnieren.

Bollebäuschen

(ergibt etwa 35 Stück)

500 g Mehl, 30 g Hefe, 1/4 l Milch, 100 g Zucker,
80 g Butter, 1 Päckchen Vanillinzucker, 2 Eier, 1 Prise Salz,
150 g Rosinen, Butterschmalz zum Backen,
Zucker und Zimt zum Bestreuen

Mehl in eine Schüssel sieben, in der Mitte eine Vertiefung eindrücken, zerbröckelte Hefe mit etwas lauwarmer Milch und 1 TL Zucker hineingeben, mit etwas Mehl zu einem flüssigen Vorteig verrühren, zugedeckt etwa 15 Minuten an einem warmen Ort gehen lassen. Danach Vorteig mit Mehl, restlicher Milch und Zucker, Butter und Vanillinzucker sowie Eiern und Salz vermengen und so lange schlagen, bis sich der Teig vom Schüsselrand löst. Rosinen hineinmengen, Teig abermals zugedeckt gehen lassen. Mit einem Eßlöffel Kugeln vom Teig abstechen und in heißem Schweineschmalz goldgelb ausbacken, mit Zucker und Zimt bestreuen. *Abbildung S. 68*

KUCHEN UND GEBÄCK

Rheinische "Muuze"
Fettgebackenes

(ergibt etwa 40 Stück)

125 g Butter, 125 g Zucker, 1 Prise Salz, 2 Eier, 2 EL Rum, 2 gestrichene TL Backpulver, 500 g Mehl, knapp 1/8 l Milch, Schweineschmalz zum Ausbacken, Puderzucker, 2 Päckchen Vanillinzucker

Butter zerlassen, mit Zucker, Salz und Eiern schaumig rühren. Rum hinzufügen, nach und nach das mit Backpulver gesiebte Mehl und Milch hinzufügen. Mit dem Teelöffel kleine Teigmengen abstechen und im erhitztem Schmalz ausbacken. Noch heiß mit einer Mischung aus Puderzucker und Vanillinzucker bestreuen.

Abbildung unten

KUCHEN UND GEBÄCK

Rheinischer Platz

1 kg Mehl, 1 l Milch, 200 g Zucker, 1 TL Salz, 30 g Hefe,
175 g Butter, Butter für die Form, 2 EL Semmelbrösel

Aus Mehl, Milch, Zucker, Salz, Hefe, Butter einen Hefeteig bereiten, gut gehen lassen und in eine gebutterte, mit Semmelbröseln ausgestreute Form geben. Im vorgeheizten Backofen bei 200°C etwa 60 Minuten backen.

Honigkuchen

500 g Honig, 4 Eier, 200 g Puderzucker, 800 g Mehl, 2 1/2
Päckchen Backpulver, 0,3 l Milch, 50 g Lebkuchengewürz,
1 Prise Piment, 400 g gemahlene Mandeln, Butter und
Mehl für die Kastenform

Honig erwärmen und so lange rühren, bis er flüssig ist. Eier mit Puderzucker schaumig rühren und zum Honig geben. Mehl mit Backpulver sieben, in eine Schüssel geben, eine Mulde eindrücken und Honig-Mischung sowie die restlichen Zutaten hinzufügen. Alles gut verkneten. Kastenform buttern, mit Mehl bestäuben, Teig hineingeben und im vorgeheizten Backofen auf mittlerer Einschubleiste bei 180°C 70 – 80 Minuten backen.
Aus der Form auf Kuchendraht stürzen und abkühlen lassen.

KUCHEN UND GEBÄCK

Pflaumenkuchen

500 g Mehl, 40 g Hefe, 70 g Zucker,
gut 1/4 l lauwarme Milch, 70 g Butter, Abgeriebenes von
1/2 Zitrone (unbehandelt), 1 – 2 Eier, 1 Prise Salz
Für den Belag: 1,5 kg Pflaumen, 1/2 TL Zimt, Zucker

Mehl in eine Schüssel sieben, eine Vertiefung eindrücken, mit Hefe, 2 TL Zucker, Salz und 2 EL Milch einen Vorteig bereiten, zugedeckt an einem warmen Ort etwa 15 Minuten gehen lassen. Zusammen mit restlichen Zutaten einen glatten Teig kneten, abermals zugedeckt etwa 15 Minuten gehen lassen. Pflaumen waschen, entsteinen und vierteln. Teig ausrollen und auf ein mit Backpapier ausgelegtes Backblech legen. Pflaumen dachziegelartig, steil auf den Teig übereinanderlegen, mit Zimt bestreuen und im vorgeheizten Backofen bei 200°C etwa 30 Minuten backen. Noch warm zuckern. Dazu wird steifgeschlagene Sahne serviert.

Rosinenkuchen

250 g Butter, 200 g Zucker, 1 Päckchen Vanillinzucker,
4 Eier, 100 g Speisestärke, 300 g Mehl, 4 TL Backpulver,
100 g gemahlene Mandeln, 50 g feingewürfeltes Zitronat,
je 125 g Rosinen und Korinthen, 3 EL Arrak, Butter zum Ausfetten
Für die Glasur: 250 g Puderzucker, 4 EL Zitronensaft

Butter schaumig rühren, Zucker, Vanillinzucker und Eier nach und nach unterrühren. Speisestärke mit Mehl und Backpulver sieben und ebenfalls darunterrühren. Danach Mandeln, Zitronat, Rosinen, Korinthen und Arrak unter den Teig mischen. In eine gebutterte Form geben und im vorgeheizten Backofen bei 175 – 200°C etwa 60 Minuten backen. Auf einen Kuchendraht stürzen und abkühlen lassen. Für die Glasur Puderzucker mit Zitronensaft verrühren und über den Kuchen streichen.

Rheinische Sirup-Lebkuchen

(ergibt etwa 65 Stück)

450 g Zuckerrübensirup, 150 g flüssige Butter, Abgeriebenes von 1 Zitrone (unbehandelt), 2 EL Kakao, 150 g grobgehackte Haselnüsse, 100 g Roggenmehl, 100 g Hafermehl, 300 g Weizenvollkornmehl, 1 Päckchen Backpulver, 3 EL Rum, 6 – 8 EL Honigwasser zum Bestreichen, halbierte Mandeln zum Belegen

Zuckerrübensirup mit Butter, Zitronenschale und Kakao mischen. Nüsse unterrühren, mit Backpulver vermischtes Mehl und Rum zugeben, Teig glattkne-

KUCHEN UND GEBÄCK

ten und für einige Stunden ruhen lassen. Auf einer leicht bemehlten Arbeitsfläche 2 – 3 cm dick ausrollen. Sterne, Herzen und runde Lebkuchen ausstechen. Auf ein leicht gefettetes, bemehltes Backblech legen, mit Honigwasser (1 EL flüssigen Honig mit 5 EL Wasser verrühren) bestreichen, mit halbierten Mandeln verzieren. Im vorgeheizten Backofen auf mittlerer Schiene bei 180°C 15 – 20 Minuten backen. *Abbildung links*

Schleifen

75 g Butter, 75 g Zucker, 1 – 2 Eier, 1 EL Sahne, 1 EL Rum, Abgeriebenes von 1/2 Zitrone (unbehandelt), 300 g Mehl, 2 TL Backpulver, Mehl, Ausbackfett, Puderzucker zum Bestäuben

Butter schaumig rühren, nach und nach Zucker, Eier, Sahne, Rum und Zitronenschale hinzufügen. Mehl mit Backpulver sieben und unterrühren. Teig etwa 30 Minuten kühl stellen und auf bemehlter Arbeitsfläche dünn ausrollen. In etwa 12 cm lange und fingerbreite Streifen schneiden, zu einer Schleife zusammenlegen und in heißem Fett goldgelb ausbacken. Mit Puderzucker bestäuben. Wird häufig zu Silvester gebacken.

Zimtwaffeln

(ergibt etwa 4 – 6 Stück)

6 Eier, 125 g Zucker, 125 g Mehl, 1/8 l saure Sahne, 1 – 2 TL Zimt, Schweineschmalz zum Ausfetten, Zucker zum Bestreuen

Eier trennen, Eigelbe mit Zucker schaumig rühren. Mehl mit Sahne und Zitronenschale darunterrühren. Steifgeschlagene Eiweiße unterziehen. Heißes Waffeleisen dünn mit Schweineschmalz einpinseln, mit einer Kelle Teig hineinfüllen und goldgelbe Waffeln backen. Mit Zucker bestreuen und servieren. Dazu trinkt man gerne Glühwein.

KUCHEN UND GEBÄCK

Spekulatius

1 kg Mehl, 250 g Zucker, 125 g Butter, 2 Eier, Saft und Abgeriebenes von 1/2 Zitrone (unbehandelt), 1 TL Zimt, 1/4 TL Vanillinzucker, 1/2 TL Backpulver, 2 Eiweiß, Hagelzucker zum Bestreuen, Mehl für die Spekulatiusformen und Arbeitsfläche, Butter zum Ausfetten

Alle Zutaten rasch verkneten und etwa 2 – 3 Stunden ruhen lassen. Teig auf bemehlter Arbeitsfläche ausrollen. Stücke vom Teig schneiden und mit dem Handballen in bemehlte Spekulatiusformen drücken, überstehenden Teig mit dem Messer wegschneiden. Teigformen auf einem Tuch herausklopfen, auf ein gefettetes Blech setzen und im vorgeheizten Backofen bei 180°C etwa 10 – 15 Minuten goldbraun backen.

KUCHEN UND GEBÄCK

Printen

250 g Rübenkraut, 50 g gestoßener, weißer Kandiszucker,
100 g Zucker, 3 g gemahlener Fenchel, 3 g Anis, 6 EL Milch,
500 g Mehl, 1 Päckchen Backpulver, 1 Eiweiß

Rübenkraut mit Kandiszucker und Zucker erhitzen, Gewürze und kalte Milch unter ständigem Rühren hinzufügen und etwas abkühlen lassen. Mehl und Backpulver vermischen und unter das Rübenkraut heben. Alles zu einem glatten Teig verarbeiten. Auf einer bemehlten Arbeitsfläche dünn ausrollen und in rechteckige, etwa 4 cm breite und 10 cm lange Streifen schneiden. Mit Eiweiß bestreichen und auf gefettetem Backblech im vorgeheizten Backofen bei etwa 220°C etwa 15 Minuten backen.

Bentheimer Moppen

(ergibt 20 – 25 Stück)

250 g Honig, 40 g Butter, 75 g Zucker, 50 g gehackte
Mandeln, 1 Ei, 375 g Mehl, 1 TL Zimt, 1 TL Nelken,
1 Prise Piment, 1/2 Päckchen Backpulver,
etwas Butter für das Blech

Honig mit Butter erhitzen und auflösen, etwas erkalten lassen. Ei mit Zucker verquirlen und zur Honigmasse geben. Mehl mit Backpulver sieben, mit den Gewürzen vermischen und langsam unter Rühren in den Teig einrieseln lassen. Zum Schluß Mandeln in den Teig kneten und 3 – 4 Tage ruhen lassen. Mit 1 TL kleine Portionen abstechen, zu Kugeln drehen und im vorgeheizten Backofen bei 180°C etwa 15 Minuten backen.

KUCHEN UND GEBÄCK

"Öcher Prente"
Aachener Printen

(ergibt ewa 45 Stück)

*250 g Zuckerrübensirup, 65 g Butter, 250 g Zucker,
400 g Weizenmehl, 2,5 TL Zimt, je 1 gestrichener TL Nelkenpulver,
Kardamon und geriebene Muskatnuß, 1 – 2 EL Arrak, 2 gestrichene
TL Backpulver, 100 g gehackte Haselnußkerne, 65 g Orangeat,
65 g Zitronat, Mehl und Fett für das Backblech,
200 g Kuvertüre*

Zuckerrübensirup, Butter und Zucker erwärmen. Sobald sich der Zucker gelöst hat, in eine Schüssel geben und unter Rühren erkalten lassen. 1/3 der Mehlmenge, Zimt, Nelken, Kardamon, Muskat, Arrak und Backpulver unterrühren. Das restliche Mehl, Haselnüsse, Orangeat und Zitronat hinzufügen, den Teig durchkneten und einige Stunden kühl stellen. Anschließend den Teig auf einer leicht bemehlten Arbeitsfläche etwa 1 cm dick ausrollen, in ca. 3 cm breite und 8 cm lange Rechtecke schneiden. Die Printen auf ein gefettetes und leicht bemehltes Backblech setzen und im vorgeheizten Backofen bei 175°C etwa 15 Minuten backen. Mindestens 4 Wochen lang in einer Blechdose lagern. Danach mit dunkler Kuvertüre nach Belieben hübsch verzieren.

Abbildung rechts

KUCHEN UND GEBÄCK

Bergische Kaffeetafel

(für 4 Personen)

4 Scheiben "Platz" Rosinenstuten, 100 g Butter, Honig,
Konfitüre oder Apfelkraut, steifer Milchreis (fertig gegart)
mit Zucker und Zimt, 4 Scheiben Bergisches Schwarzbrot,
40 g Butter, 200 g Speisequark oder Hartkäse

Rosinenstutenschnitten dick mit Butter belegen, mit Honig, Konfitüre oder Apfelkraut bestreichen und obenauf eine dicke Schicht Milchreis mit Zucker und Zimt. Danach ißt man "Altbergische Waffeln". Als dritten Gang serviert man Bergisches

Schwarzbrot, mit Butter und Quark bestrichen oder mit Hartkäse belegt. Dazu wird Kaffee aus der "Dröppelmina" (ursprünglich eine zinnerne Kaffeekanne), ein gezuckerter Klarer oder Aufgesetzter serviert.

Altbergische Waffeln

(ergibt 10 – 12 Stück)

250 g Butter, 500 g Mehl, 4 Eier, 3 – 4 EL Zucker,
1 Päckchen Vanillinzucker, 1 TL Backpulver, 1 TL Salz,
etwas warmes Wasser, Schweineschmalz zum Ausfetten,
100 g Zucker zum Bestreuen

Butter, Mehl, Eier, Zucker, Vanillinzucker, Backpulver und Salz gut verrühren. Etwas warmes Wasser hinzufügen, damit ein dickflüssiger Teig entsteht. Waffeleisen erhitzen, mit Schmalz dünn bestreichen,

1 – 2 EL Teig hineinfüllen und goldgelbe Waffeln backen. Mit Zucker bestreuen. "Altbergische Waffeln" dürfen auf keiner "Bergischen Kaffeetafel" fehlen. Ansonsten reicht man Rübenkraut und Kaffee dazu.

KUCHEN UND GEBÄCK

Gefüllte Sahnewaffeln

(ergibt 10 – 12 Stück)

*250 g Butter, 80 g Zucker, 1 Beutel Citro-back,
4 Eigelb Klasse 3, 100 g Mehl, 100 g Speisestärke,
2 gestrichene TL Backpulver, 200 g süße Sahne, 4 Eiweiß,
1 Päckchen Vanillinzucker, Speckschwarte oder
Fett zum Ausfetten, Konfitüre für die Füllung,
Fondant-Glasur-Schokolade sowie Kuchenglasur,
Zitrone zum Verzieren*

Butter, Zucker und Citro-back schaumig rühren. Nach und nach Eigelbe unterschlagen. Mehl mit Speisestärke und Backpulver sieben. Abwechselnd mit der Sahne unter die Fett-Ei-Masse rühren. Eiweiß mit Vanillinzucker steif schlagen und vorsichtig unter den Teig ziehen. Ein Waffeleisen erhitzen, mit einer Speckschwarte einreiben oder mit wenig Fett auspinseln. 2 gehäufte EL Teig einfüllen, etwas verstreichen und die Waffeln goldgelb backen. Auf einem Kuchenrost auskühlen lassen. In Segmente teilen, die Hälfte davon mit wenig Konfitüre bestreichen. Die andere Hälfte mit Fondant-Glasur-Schokolade oder Vanille bestreichen und mit der Gegenfarbe Streifen darauf spritzen. Herzen zusammensetzen. Sie können zum Sonntagsfrühstück und zum Nachmittagskaffe serviert werden. *Abbildung nächste Seite*

KALTE KÜCHE UND GETRÄNKE

"Halve Hahn"
Roggenbrötchen mit Käse

(für 4 Personen)

4 Roggenbrötchen, 60 g Butter, 4 Scheiben Edamer Käse, Düsseldorfer Senf, 1 Zwiebel, 1 Gewürzgurke, Kümmel, edelsüßes Paprikapulver

Brötchen aufschneiden, jede Hälfte buttern und jeweils 1 Hälfte mit einer Käsescheibe belegen. Mit Senf bestreichen, mit Zwiebelringen und Gurkenwürfelchen belegen, mit Kümmel und Paprikapulver bestreuen, zusammenklappen und auf einem Holzbrett servieren.

Gefüllte Sahnewaffeln
Rezept s. S. 83

KALTE KÜCHE UND GETRÄNKE

"Wuppertaler-Brot"

(für 4 Personen)

8 Scheiben (möglichst rundes) Schwarzbrot (aber kein Pumpernickel), 60 g Butter, 4 EL mittelscharfer Senf, 4 El Zwiebelscheiben, 4 große Scheiben grobe, geräucherte Mettwurst

Schwarzbrot buttern, 4 Seiten mit Senf bestreichen, mit den Zwiebelringen und der geräucherten Mettwurst belegen, zusammenklappen.

Dortmunder Kniften

(für 4 Personen)

4 Scheiben Bauernbrot, 4 TL Butter, 250 g Speisequark, 1 Zwiebel, Salz, Pfeffer, 4 TL geschnittenes Schnittlauch

Jede Scheibe Brot buttern. Speisequark mit geschälter, gehackter Zwiebel, Salz und Pfeffer vermischen und auf jede Scheibe dick bestreichen. Mit Schnittlauch bestreuen. Wird oft als Zwischenmahlzeit verzehrt.

Frikadellen

(für 4 Personen)

400 g gemischtes Hackfleisch, 1 altbackenes Brötchen, 1 Zwiebel, 1 Ei, Salz, Pfeffer, Butter oder Schweineschmalz zum Braten

Hackfleisch mit in wenig kaltem Wasser eingeweichten und wieder ausgedrückten Brötchenstücken vermischen. Zwiebel schälen, fein würfeln, zusam-

KALTE KÜCHE UND GETRÄNKE

men mit Ei, Salz und Pfeffer gut vermengen. 4 Frikadellen formen, im erhitzen Fett auf beiden Seiten gut braten. Kalt oder warm servieren und scharfen Düsseldorfer Senf dazu reichen.

Kniften mit Sauerfleisch

(für 4 Personen)

4 Scheiben Landbrot, 8 Scheiben Sauerfleisch, Bratenjus vom Sauerfleisch, 8 Scheiben Gewürzgurke, reichlich Zwiebelringe

Das Brot mit Sauerfleisch belegen, Bratenjus hinzufügen, mit Gurken und Zwiebelringen garnieren.

Tip: Als Resteverwertung belegt man in Dortmund Landbrot gelegentlich auch mit gebratenem Kartoffelsalat.

KALTE KÜCHE UND GETRÄNKE

Weißer Hannes

(für 4 Personen)

*400 g Leberwurst mit Fettschicht, 4 kleine Zwiebeln,
1 Lorbeerblatt, 2 Nelken, 4 Pfefferkörner,
4 Senfkörner, Essig, Öl*

Leberwurst enthäuten und in Stücke schneiden. Zwiebeln schälen, fein würfeln und zusammen mit der Wurst und den restlichen Zutaten vermischen. Mit Essig und Öl übergießen, einige Stunden ziehen lassen (am besten über Nacht). Dazu Schwarzbrot und klare Schnäpse reichen.

"Kölsche Kaviar met Musik"
Blutwurst mit Zwiebeln

(für 4 Personen)

*500 g Blutwurst, 3 Zwiebeln, 2 TL edelsüßes
Paprikapulver, 2 TL mittelscharfer Senf*

Blutwurst enthäuten, auf 4 Teller geben. Zwiebeln schälen und in Ringe schneiden und auf der Blutwurst verteilen. Mit Paprikapulver und Senf garnieren. Dazu Roggenbrötchen und Bier reichen.

*Düsseldorfer Kräuterschinken
Rezept s. S. 38*

KALTE KÜCHE UND GETRÄNKE

Rheinweinbowle

(für 4 – 6 Personen)

1 Orange, 2 Scheiben Ananas aus der Dose,
3 Scheiben Salatgurke, 1 Zweig Pfefferminze,
1/8 l Maraschino, 1/8 l Orangenlikör,
2 Flaschen Moselwein (je 0,7 l)

Orange schälen, in Scheiben schneiden, Ananasscheiben abtropfen lassen, in Stücke schneiden und zusammen mit Orangenscheiben auf den Boden eines Bowlengefäßes legen. Gurkenscheiben, Pfefferminze, Maraschino, Orangenlikör und Wein hinzufügen, 30 Minuten im Kühlschrank ziehen lassen und gekühlt servieren.

"Beas" Aufgesetzter

125 g weißer Kandiszucker, 200 g schwarze Johannisbeeren,
1/2 Zimtstange, 1 Vanilleschote, 0,7 l Korn

Kandiszucker in eine große Flasche geben. Johannisbeeren waschen, Rispen entfernen (am besten mit einer Gabel), zusammen mit Zimtstange, Vanilleschote und Korn über den Kandiszucker geben. 8 Wochen an einem warmen, hellen Ort ruhen lassen. Durch ein Sieb abseihen und in kleinere Flaschen abfüllen. Weitere 2 – 3 Wochen ruhen lassen.
Tip: Nach Belieben kann man auch Himbeeren, Brombeeren oder Sauerkirschen verwenden. Nach Belieben mit etwas Rum oder Weinbrand zusätzlich aromatisieren. Wird gerne nach dem Essen getrunken.

KALTE KÜCHE UND GETRÄNKE

Kalte Ente

(für 4 – 6 Personen)

2 Flaschen Rheinwein (je 0,7 l), Schale von 1 Zitrone (unbehandelt), 0,7 l Sekt, 0,7 l Mineralwasser

Wein in eine Bowlenschüssel gießen, spiralförmig geschnittene Zitronenschale 15 Minuten vom Bowlenrand in den Wein hängen, herausnehmen. Mit gut gekühltem Sekt und Mineralwasser aufgießen, vorsichtig umrühren und servieren. Wird gerne als erfrischendes Sommergetränk serviert.

REZEPTVERZEICHNIS

Rezeptverzeichnis

A

Aachener Reiskuchen 64
Ädappelzupp 11
Alfterer Spargel 46
Altbergische Waffeln 82
Apfelauflauf 15
Apfelcharlotte 66
Apfelklöße 70
Apfelkompott 67
Arme Ritter 69

B

"Beas" 90
Bentheimer Moppen 79
Bergische Kaffeetafel 82
Bettelmann 66
Biersuppe 10
Bohnensalat 62
Bollebäuschen 72
Buntes Paprikagemüse 58
Buttermilchkartoffeln 49

D

Dicke Bohnen und Möhrengemüse,
süß-sauer 20

Dinkelbratlinge mit Kräutersoße 52
Domherrn-Schnitten 34
Dortmunder Kniften 86
Düsseldorfer Kräuterschinken 38

E

Eier in Senf-Soße 58
"Eierkäs" 70
Eierpfannkuchen 69
Eifeler Wildschweinbraten 30
Endiviensalat 63
Erbsensuppe Rheinische Art 11
Erpeler Döbbekoche 21

F

"Fitzebuanen" 18
Frikadellen 86

G

Gebratener Lachs in Weißwein 43
Gefüllte Sahnewaffeln 83
Gefüllte Tomaten 59
Gefüllter Schweinebraten 38
Gehäck 30
Graupen mit Pflaumen 67

REZEPTVERZEICHNIS

Grünkernklöße süß-sauer 56

H

"Halve Hahn" 85
Hefeklöße 55
Heringsstipp (I) 42
Heringsstipp (II) 42
Himmel und Äd 16
Hochzeitsschinken aus
dem Ruhrgebiet 39
Honigkuchen 74

K

Kalbssauerbraten 35
Kalte Ente 91
Kalte Schnittlauchsoße 62
Kartoffelklöße 55
Kartoffelschnee 21
Kartoffelsuppe 12
Kniften mit Sauerfleisch 87
Kohlgemüse 45
Kopfsalat Rheinische Art 61
"Köhl" 47
Kölner Mohnstollen 71
"Kölsche Kaviar met Musik" 88
Kräutersuppe 10

L

Lamm-Wirsing-Topf 16

M

Matjeskartoffeln 43
Meerrettichsoße 63
Miesmuscheln
Niederrheinische Art 44

O

"Öcher Prente" 80

P

Pannasch 50
Pflaumenkuchen 75
Potthucke 19
Printen 79
Puffertplätzkes 51

R

Rahmgulasch 29
Rettichsalat 60
Rheinische Muscheln 40
Rheinische "Muuze" 73
"Rheinische Pepse" 27
Rheinischer Dippehas 14
Rheinischer Platz 74
Rheinischer Sauerbraten 28
Rheinischer Sirup-Lebkuchen 76
Rheinisches Weinkraut 59
Rheinweinbowle 90
"Rievkooke" 54
Rindergulasch 23
Rindergulasch mit Weißwein 23
Rinderragout 37
Rinderroulade 34
Rindfleisch mit Rosinensoße 24
Rosinenkuchen 75
Rotkohlsüppchen 13
Rouladen Rheinische Art 26
Rübstiel 47

S

"Saure Kappes und Erwes" 26
Sauerkrautsalat 61
Schleifen 77
Schnibbelbohnen 18
Scholes mit Rettich 54
Schweinebauch mit Möhren 24
Speckpfannkuchen 52
Spekulatius 78

93

REZEPTVERZEICHNIS

Stampfkartoffeln 45
Steckrüben-Eintopf 15
Süßsaure Schwarzwurzeln 48
Süß-saurer Schweinerücken 22

W

Waffeltorte 72
Waldbeerkuchen 51
Weißer Hannes 88
Weißkohlsalat 60

Wildschweinkeule mit Sauerkraut 31
Wirsing mit Hackfleisch-
Klößchen 32
"Wuppertaler Brot" 86

Z

Zimtwaffeln 77
Zwiebelkraut mit Leberwurst 35
Zwiebelsuppe 12

Bildnachweis:

Umschlagfoto:
Fotostudio Teubner, Füssen

Innenteil:
CMA/IPR&O S. 25
CMA-Butterschmalz/Komplett-Büro S. 68, 73
Essig-Essenz/prhh S. 13, 17, 20, 28, 33, 48, 53, 57
FIMA S. 41
Grafschafter S. 76, 81
Melitta S. 29, 89
Molkerei Alois Müller S. 65
Palmin S. 36
Schwartauer Werke S. 84